武器としての人口減社会

国際比較統計でわかる日本の強さ

村上由美子

光文社新書

はじめに

私は世界で35か国の先進諸国が加盟するＯＥＣＤ（経済協力開発機構）の、東京センター所長を務めています。国連職員からキャリアをスタートさせ、ロンドンやニューヨークの金融業界に20年近く身を置いたのち、ＯＥＣＤ東京センター所長に就任したのは２０１３年でした。

ＯＥＣＤはパリに本部がある国際研究機関で、東京センターにも毎日のように、本部から様々な分析やデータが送られてきます。経済、開発、貿易、租税、環境、科学技術、教育、文化など、対象とする分野は幅広く、一見主観的とも捉えられるような「幸福度」に関する統計まであります。こうした統計は、国際比較が容易にできるように集計されており、日本が世界経済の中でどういう存在であるかを客観的に把握することができるのです。そうした国際比較可能な統計に基づいて、政府、産業界、マスメディア、学界など様々な方面に、政策提言をすることが私の仕事です。

またOECDは、各国の政策を比較分析することによって、ベストプラクティス（最良の政策案）の共有も促進しています。各国が置かれている社会経済環境は異なりますが、グローバル化の進んだ今日、多くの国々は共通の課題に直面しています。例えば、現在日本が取り組んでいる人口減少問題は、近い将来、隣国の韓国や中国においても確実に深刻化します。日本が少子高齢化に対して有効な政策を打ち出すことができれば、それは世界の多くの国にとって大変貴重な参考事例になることでしょう。あるいは、女性の社会進出が進んでいる欧州諸国の政策のベストプラクティスを、日本が積極的に取り入れることが、問題解決の鍵になるかもしれません。

日々、多くの国の様々な統計や政策に目を通していると、いかに日本の伸びしろが大きいかをしみじみと実感します。少子高齢化の波を受けて、国家財政が緊迫し、経済が低迷している、〝残念な国・日本〟というイメージは多分にあります。長期にわたる経済の低成長、急激な労働人口の減少などは、将来に対する悲観的な気持ちを私たちに抱かせます。

しかしOECDの調査結果の中には、世界経済における日本の相対的優位性を暗示する多くの統計も存在します。少子高齢化の波を短期間で反転させることは不可能ですが、逆にそれを強みとして、世界の国々と競争していくことは充分可能です。そのために必要な人的資源、社会インフラ、技術革新、財政基盤などの基本的な条件がここまで揃っている国は、日本以外に存在しないとも言えます。世界のトップレベルを誇る様々な日本の強みを効率的に活用するための社会システムを構築していくことで、負の遺産と考えられている人口減少まで実は日本の武器となると私は考えています。

私はこれまでの人生の半分を外国で暮らし、外国の会社や国際機関で勤務することで、日本を国内外の両方から俯瞰《ふかん》する機会を得ました。日本が抱えている少子高齢化の問題が深刻であることには違いありません。しかし、テクノロジーの進化により世界経済が抜本的な構造変革を遂げようとしているこの局面は、日本にとっては大きなチャンスです。多くの日本人がこのチャンスに気づき、人口減少でさえもメリットとして最大限に活かすことができれば、日本が課題解決の先進国として、世界経済の成長を先導していけるはずです。

本書では、多数のOECD統計を紹介しています。紙幅の都合で全加盟国を比較したり、長期時系列を提示したりできないデータもありますが、各データに可能な限りStatlinkというURLを添えました。それぞれのウェブサイトでより詳細な統計をご確認いただけるようにしております。ＯＥＣＤの統計は専門性が高いというイメージがあるかもしれませんが、本書では、専門性がなくても理解しやすい形での説明を心がけました。

では、客観的な統計を交えながら、日本にとってのこの大きなチャンスについて、一緒に考えてまいりましょう。

なお、本書に含まれる見解はあくまで筆者の個人的なものであり、ＯＥＣＤの公式見解を意味するものではないことを明記いたします。

目次

編集協力／長山清子
図版製作／デザイン・プレイス・デマンド

第一章　人口減少が武器になるとき

＊ICT・AI革命が仕事のあり方を変える

人類は長い歴史において、産業や社会の革命的な構造変化を何度も経験しました。水力、水蒸気、電気、そして自動化などの発明が、それぞれの時代の産業構造の抜本的な変革をもたらし、人々の生活全般に深い影響を及ぼしました。そして今、過去の産業革命を起こした技術の進化と同じような、あるいはそれ以上に劇的な変革が、情報通信技術（ICT）、人口知能（AI）などの発達により、世界規模で起こりつつあります。

19世紀に起こった水蒸気や電気などの発明による産業革命の影響は、はじめは北米や欧州など地域限定的で、他の地域に波及するまでには時間がかかりました。それに対して、現在起こっているICTやAIによる産業革命は、国際貿易量の増大と情報のデジタル化によって、世界中でほぼ同時、かつ連鎖的に、様々な影響を及ぼしています。

現在このようなICT・AI技術の進化によるイノベーションを、世界中の政府や企業が戦略的に推進しています。

例えばドイツでは、インターネットなどの通信技術を駆使してサービスやモノの流通をネットワーク化することにより、製造業とサービス業の融合を図り、付加価値の高いビジネスを創造・構築していくことを目指しています。このドイツの産官挙げてのプロジェクトは〝第４次産業革命（インダストリー４・０）〟と呼ばれていますが、同様のコンセプトに基づいた戦略を掲げている国や企業は、他にも数多くあります。

日本政府もＩＣＴ‐ＡＩや、ロボットの活用を柱とする成長戦略を推進しようとしています。安倍総理は２０１６年６月２日開催の産業競争力会議にて、アベノミクスの第２ステージの鍵は第４次産業革命の実現であると述べており、２０２０年までに30兆円の新市場創出を目指しています。日本の民間企業の多くも、ＩＣＴやＡＩ技術を駆使することで、オペレーションの自動化や効率化を進め、競争力を高めようとしています。

このＩＣＴ‐ＡＩ革命は、人間の仕事を根本的に変える可能性を秘めています。仕事の種類、内容、働き方……。私たちが持つ様々な固定観念を覆すほどの大きな変化が、すでに起こりつつあるのです。今ある仕事が今後も必要とされる保証はまったくありません。日々新しい職種が誕生すると同時に、多くの仕事が機械に代替されて、消滅しています。デューク大学のキャシー・デビッドソン氏は２０１１年、「現在の小学1年生が大人になる頃には、彼らの65％が今存在していない新しい仕事に就く」という予測を発表しました。また２０１３年にオックスフォード大学の研究者らは、アメリカに現在存在する職業の47％が20年後にはコンピュータやロボットによる自動化に伴って消滅するであろうという、衝撃的な論文を発表しています。

例えば、20年ほど前までは需要のあったタイピストのような職業は、今ではまったく必要とされなくなりました。逆に、ウェブデザイナーなどのインターネット関連の職業は、20年前には存在しませんでした。このように近い将来、現在存在する仕事がだんだんと求められなくなり、想像もつかない新しい仕事やサービスが生まれてくることは間違いありません。

最新のOECDの分析によると、ICT‐AI技術の台頭により消滅する職種は、OECD加盟国では9％未満ですが、他方、職務内容や技能の調整が必要とされる職種は30％にも達すると予測されています。つまり、機械に完全に奪われてしまう職種以上に、人間が機械と協業しなければならない職種のほうが圧倒的に増加するということです。

＊必要とされるのは定型化できない仕事

図1‐1は2020年以降、現在ある職種のうち、AI技術の進化によって50％以上の作業が自動化できるものの割合を表した国際比較です。ICT‐AI技術の浸透が遅れている発展途上国ではもっと高い数字が出ることが推測されますが、ほとんどの先進諸国では、自

図１-１　2020年までに大きく変化する仕事

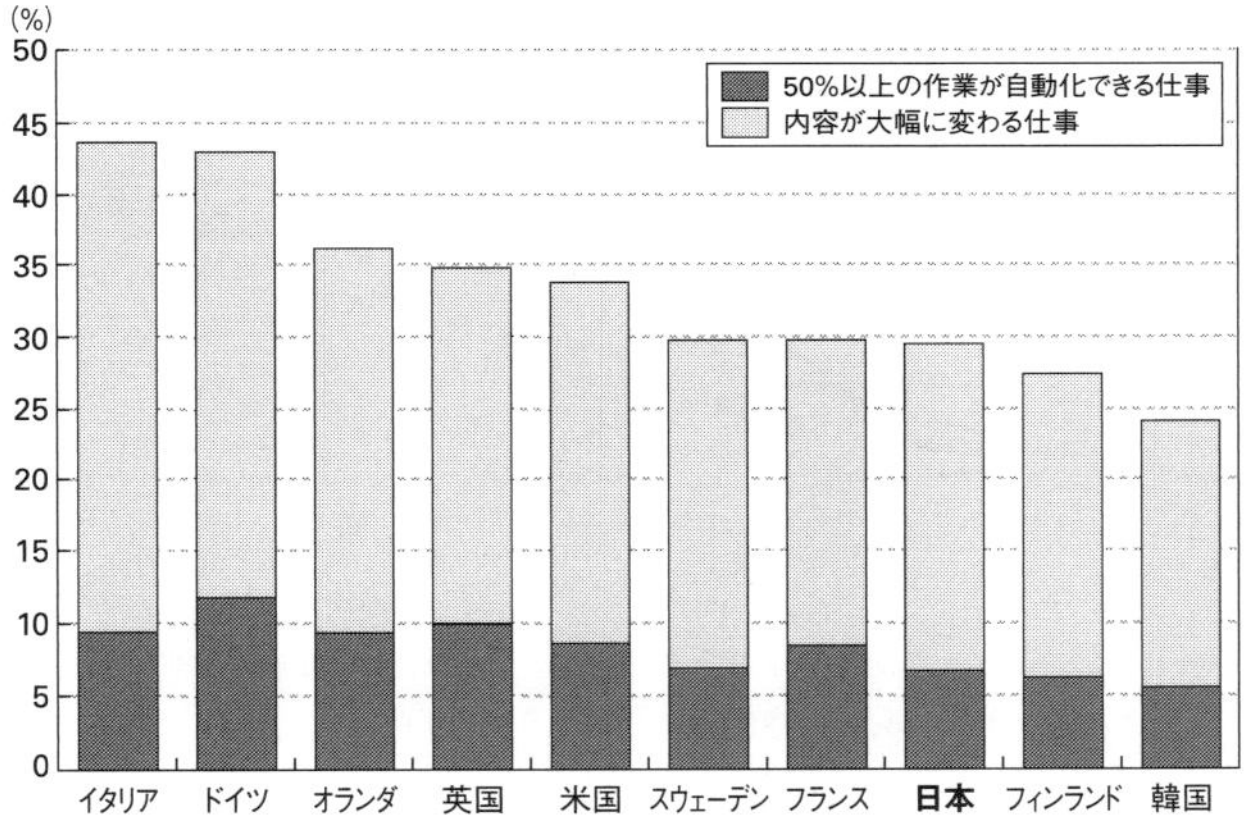

出典：Survey of Adult Skills (PIAAC) ; Arntz et al (2016)

動化により消滅する職種は10％未満であろうという予想が出ています。

一方、２０２０年までに仕事の内容が大幅に変化する職種の割合は、どの先進諸国でも高く、日本も22・４％と予想されています。

過去30年ほどのデータを分析してわかることは、人間が行うルーチンワークの需要は徐々に減少しているのに対して、個別の判断が求められる仕事や対人的な仕事は、需要が増えているということです（図１-２）。この図で最も増加している「非定型の対人的業務」と「非定型の分析的業務」は、状況に応じて人間が対応内容を判断する必要のある仕事を意味しています。この種類の仕事は、状況や条件が千差万別であるため、作業のマニ

図1-2　求められるスキルの変化

米国の職業における業務の変化、1960〜2009年（1960年の業務量を50とする）

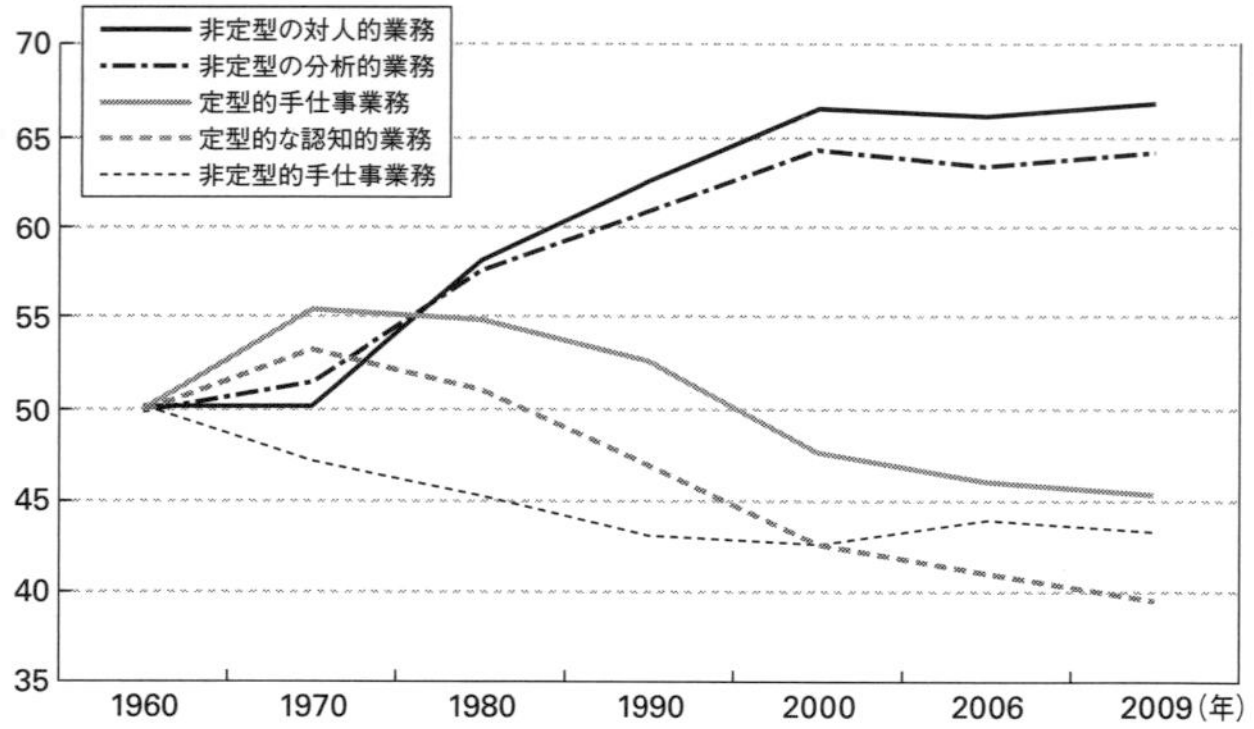

注：Autor, David H. and Brendan M. Price. 2013. "The Changing Task Composition of the US Labor Market: An Update of Autor, Levy, and Murnane (2003)." MIT Mimeograph, June. より引用。Table A1.5.参照。

出典：OECD (2013), OECD Skills Outlook 2013: First Results from the Survey of Adult Skills, OECD Publishing, Paris, Table A4.1.

Statlink: http://dx.doi.org/10.1787/888932900308

ュアル化が困難です。一方、減少している「定型的手仕事業務」や「定型的な認知的業務」は、一定法則のあるルーチンワークを意味しており、機械による自動化が比較的容易です。

図1-3は、OECDが行った成人力調査「PIAAC（後述）」の、読解力と数的思考力の得点水準に関連づけられる職業を特定し、労働力調査のデータを利用して、これらの職業に就いている人の数を時系列に沿って追跡したものです。これを見ると、最も高水準のスキルを有する人々が従事している仕事は大幅に増加傾向にあり、スキルレベルの低い

図１-３　就業者比率の変化（習熟度別職業分類）

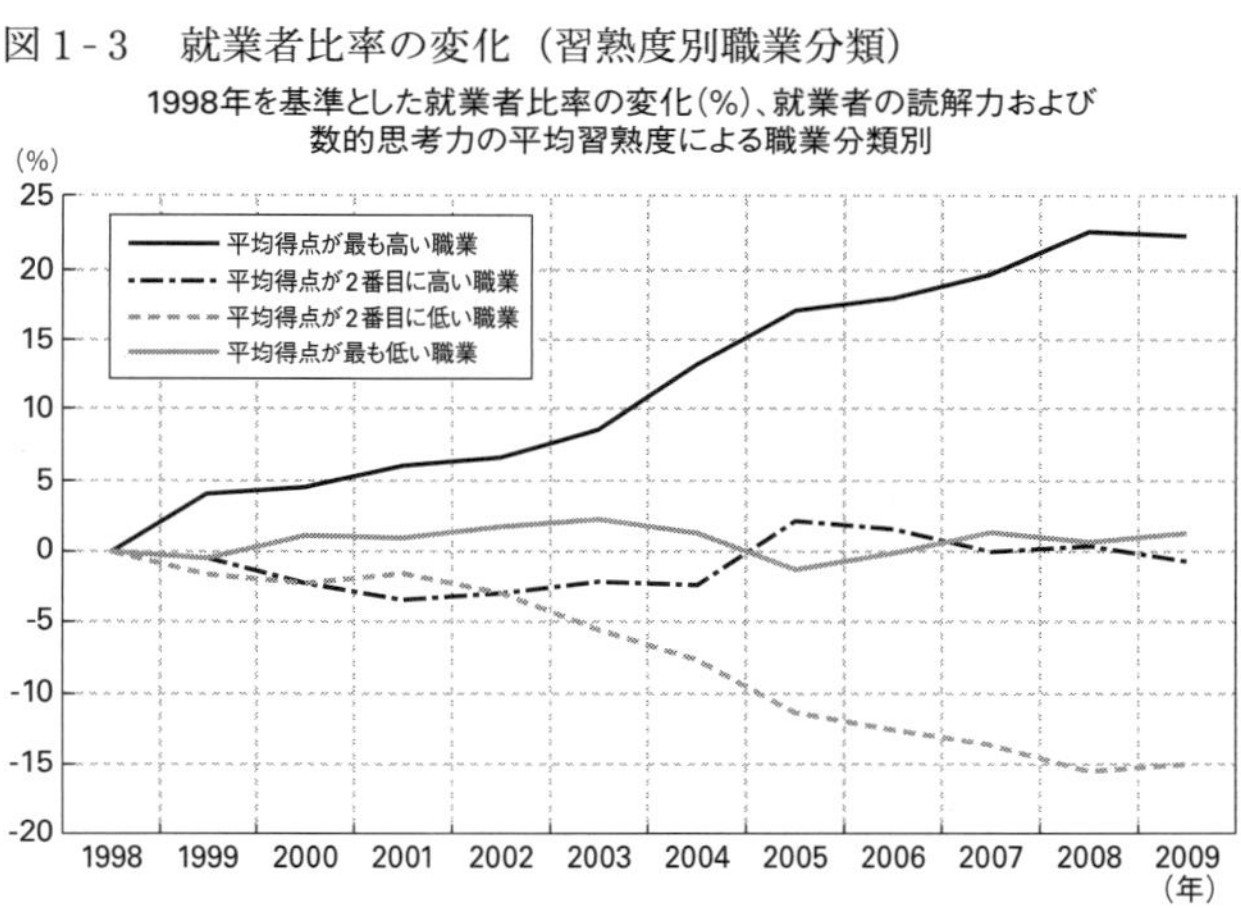

注：成人スキル調査に基づいて、読解力と数的思考力の得点水準に関連づけられる職業を特定した上で、入手可能な労働力調査データベースの時系列データを利用して、これらの職業の時系列の変化を追跡している。読解力と数的思考力に関する詳しい解説は、出典資料を参照。
1998年の欧州統計局労働力調査データベースにデータがあるOECD加盟24か国のみを分析の対象としている。

出典：OECD (2013), OECD Skills Outlook 2013: First Results from the Survey of Adult Skills, OECD Publishing, Paris,　Table A4.1.
DOI: http://dx.doi.org/10.1787/9789264204256-en

Statlink: http://dx.doi.org/10.1787/888932900327

人たちが従事している仕事は横ばい。それに対して、中程度のスキルの人たちの仕事は大きく減少していることがわかります。

　これはＩＣＴの進歩によって、以前は中程度の能力を持つ人々に任されていた補助的事務作業などが、人件費削減や効率化を背景に、消滅しつつあることを示しています。例えば、オフィスのＩＴ化が浸透する以前は、多くの企業は大勢の秘書を抱えていました。秘書業務の中心はタイピングやスケジュール管理といった事務作業でしたが、ＩＴ化によってそれらを人力で管理する必要性が薄れていきました。同時に、企業はＩＴスキルや問題解決能力を持った人材を必要とするようになったのです。

これから必要とされるのは、ＩＣＴ・ＡＩといった最先端技術との協業をできる限り効率的に行い、人間の判断力を必要とする領域の仕事を創造的に進められる人です。そうした人材の需要は、今後も右肩上がりで伸び続けると考えられます。対照的に、定型化できる仕事が人間に任されることは、今後も減少し続けるでしょう。

低水準のスキルで済む単純肉体労働のような職種は、意外にも、ＩＴ化の流れにあまり影響を受けていません。これは、例えば清掃作業などを考えるとわかります。たとえ最新の掃除機を導入しても、人間がそれを手動で操作する必要があるため、清掃には今後も労働力が必要とされることが推測できます。しかし、これもＡＩの出現によって次第に変化する可能性はあります。すでに労働力人口の減少が問題となっている日本では、このような単純労働までＡＩに任せる必要が、近い将来生じるかもしれません。

＊低い失業率がオートメーション化を後押しする

ＩＣＴ・ＡＩ技術がもたらす労働市場の変革は、労働力不足に直面する日本にとっては、「機械に仕事を奪われる」という脅威どころか、労働力不足を解消するための妙案以外の何ものでもありません。機械に仕事をどんどん任せることで、希少な人材をさらに付加価値の高い仕事に振り分け、社会全体の労働生産性を高めることができるからです。コンピュータなどで代替できる仕事を人間が手作業で行い続けたら、労働時間ばかりが長くなり、労働生産性は下がり続け、相対的な国際競争力も低下します。機械で代替できない付加価値の高い仕事のみを人間が行うことで、長時間労働も解消され、国の競争力の向上につながります。

理論上は単純明快ですが、実施するとなると、様々な制度上、社会通念上の問題が伴います。どの国の企業も、労働生産性向上に必要なアクションを理論的には理解しつつも、構造改革を伴う変革は難航するのが現実です。

もちろん日本においても、痛みを伴う構造改革がスムーズに進むはずはありません。しかし私たちの国には、他の国には類を見ない〝急激な人口減少〟という、改革を後押しする追い風が吹いているのです。ＩＣＴやＡＩに仕事を奪われる脅威より、いかにそれらに仕事を任せるかという議論のほうが、日本では必要です。少なくとも、失業率が高く人材が余った状態にある欧米諸国と比べれば、労働力が不足している日本には、技術発展による雇用革命を受け入れる環境が整っているはずです。

世界中どこの国でも、ＩＣＴ技術を導入して労働生産性を改善しようと努めています。しかしそれは同時に、仕事を失う人が増大するというリスクもはらんでいます。欧米諸国では失業率が恒常的に高く、特に若年層では失業率が二桁台の国がほとんどで、深刻な社会問題となっています（図１‐４）。一方、新興諸国では人口が増え続けています。これらの国々では雇用創出は最優先課題で、ＩＣＴやＡＩを導入すれば、少なくとも短期的には失業者がさらに増える恐れがあります。

この問題に対処するためには、職業訓練や失業手当などのセーフティネットが必要ですが、そのような社会インフラが不備であるため、思い切った産業構造改革にシフトできない国も少なくありません。近年、テクノロジーがもたらす「新産業革命」の影がさかんに議論されるようになり、既存の産業の破壊や雇用不安の深刻化を恐れるあまり、変化を遅らせようとする動きさえ見られる国もあります。

日本の場合、少なくとも現在の完全雇用に近い労働市場は、オートメーション化を進める

図１-４　失業率の推移

パネルA.　全人口

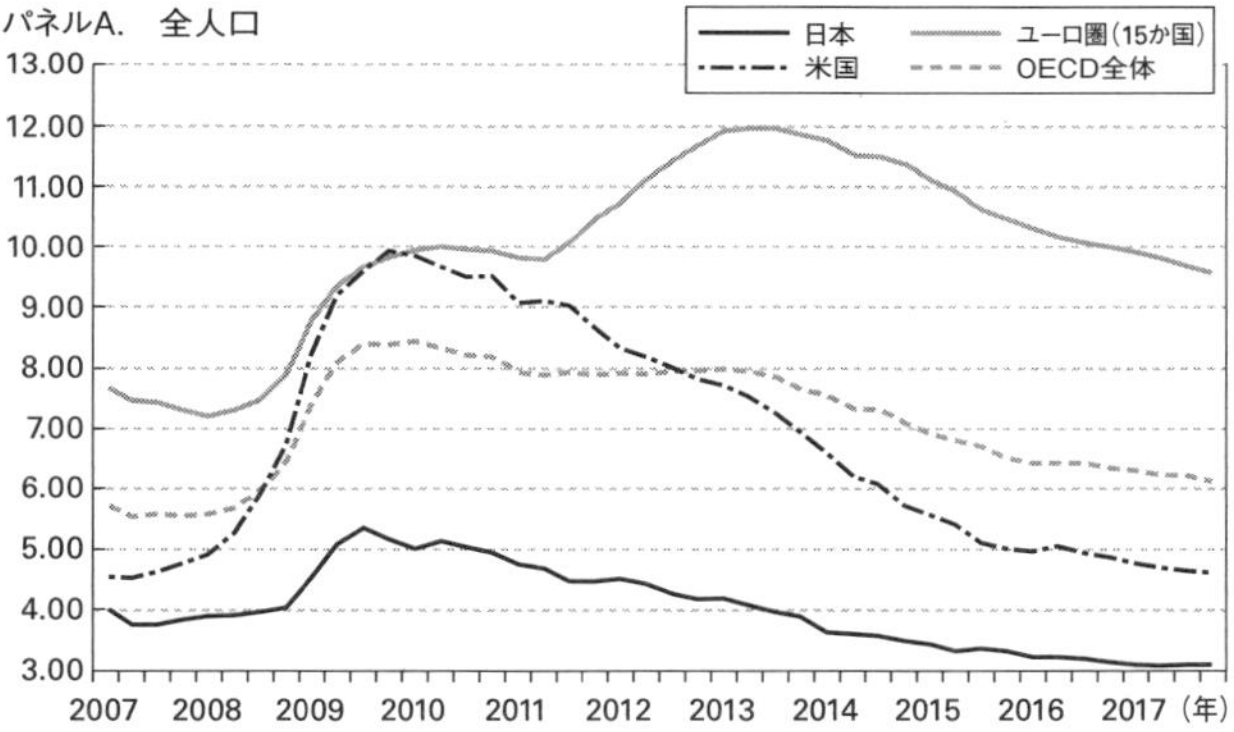

出典：OECD (2016), "OECD Economic Outlook No. 99 (Edition 2016/1)", OECD Economic Outlook: Statistics and Projections (database).
DOI: http://dx.doi.org/10.1787/9572784d-en（2016年7月6日抽出）

パネルB.　若年層(15〜24歳)、2015年

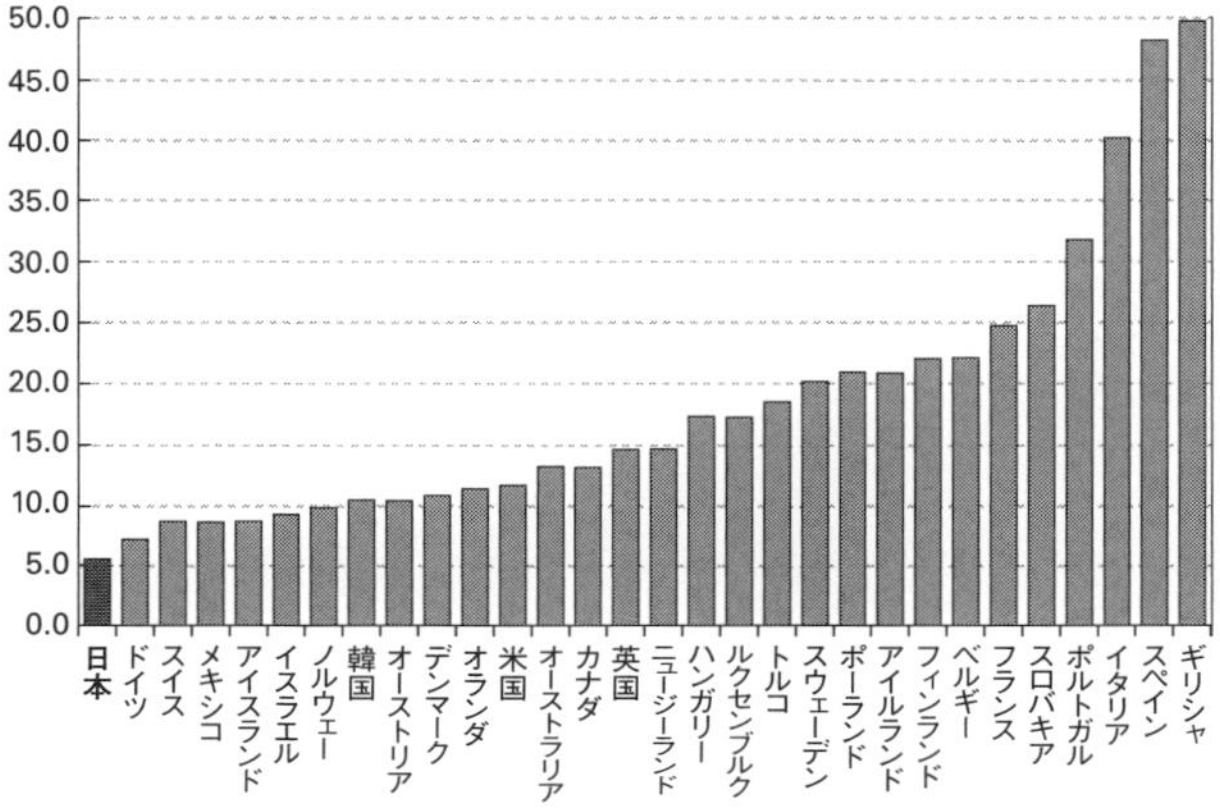

出典：出典：OECD (2016), "Labour: Labour market statistics", Main Economic Indicators (database).
DOI: http://dx.doi.org/10.1787/data-00046-en（2016年7月6日抽出）

上で、強力な原動力となりえます。まさに、「必要は発明の母」であるわけです。目の前の労働力不足をＩＣＴ‐ＡＩ技術を駆使して解決しつつ、人材の配置を見直して最適化するために、生涯学習を促進し、労働市場の流動化を高めることが必要です。

のちほど詳しく述べますが、日本人は基礎学力と技能において大変優れています。その人々を改めて訓練して新しい仕事に適応できるようにすることは、意外と早く、容易に実現するのではないでしょうか。

日本は「変化のスピードが遅い」と指摘されることがあります。しかしそれは、事を起こす前に念入りに熟考するためであり、いったん決定したことを実行に移すスピードは、実は速いのです。人類がかつて経験したことのない急激な少子高齢化に直面している日本だからこそ、ＩＣＴ‐ＡＩがもたらす産業革命の波に乗る強い動機があり、それを可能にする必要条件を満たしているのです。

＊日本人のスキルはトップレベル

日本には、テクノロジーとの協業を可能にする、恵まれた環境があります。それは、社会経済生活に必要なスキルを非常に高度なレベルですでに身につけている人材です。

表1-1　成人力調査の結果 ― 読解力、数的思考力

読解力		数的思考力	
平均点	国名	平均点	国名
296	**日本**	**288**	**日本**
288	フィンランド	282	フィンランド
284	オランダ	280	ベルギー
280	オーストラリア	280	オランダ
279	スウェーデン	279	スウェーデン
278	ノルウェー	278	ノルウェー
276	エストニア	278	デンマーク
275	ベルギー	276	スロバキア
274	チェコ	276	チェコ
274	スロバキア	275	オーストリア
273	カナダ	273	エストニア
273	**OECD平均**	272	ドイツ
273	韓国	269	**OECD平均**
272	英国	268	オーストラリア
271	デンマーク	265	カナダ
270	ドイツ	265	キプロス
270	米国	263	韓国
269	オーストリア	262	英国
269	キプロス	260	ポーランド
267	ポーランド	256	アイルランド
267	アイルランド	254	フランス
262	フランス	253	米国
252	スペイン	247	イタリア
250	イタリア	246	スペイン

出典：OECD. (2013), OECD Skills Outlook 2013: First Results from the Survey of Adult Skills, OECD Publishing, Paris.
DOI: http://dx.doi.org/10.1787/9789264204256-en

OECDが実施している、PIAACという調査があります。16歳から65歳の男女を対象にした成人技能調査ですが（章末コラム参照）、日本人は読解力と数的思考力のテストにおいて世界1位という素晴らしい結果を出しています（表1-1）。

15歳の生徒を対象にした「生徒の学習到達度調査（PISA）」でも、日本人は優秀です。20

表1-2　PISA2012の成績上位10か国

（　）内は平均点

ランク	数的理解力	読解力	科学的理解力
1位	上海市(中国)(613)	上海市(中国)(570)	上海市(中国)(580)
2位	シンガポール(573)	香港(545)	香港(555)
3位	香港(561)	シンガポール(542)	シンガポール(551)
4位	台湾(560)	**日本(538)**	**日本(547)**
5位	韓国(554)	韓国(536)	フィンランド(545)
6位	マカオ(538)	フィンランド(524)	エストニア(541)
7位	**日本(536)**	台湾(523)	ドイツ(524)
8位	リヒテンシュタイン(535)	カナダ(523)	オランダ(522)
9位	スイス(531)	ニュージーランド(512)	オーストラリア(521)
10位	オランダ(521)	フランス(505)	ニュージーランド(516)

出典：OECD（2014）, PISA 2012 Results: What Students Know and Can Do（Volume I, Revised edition, February 2014）: Student Performance in Mathematics, Reading and Science, PISA, OECD Publishing, Paris.
DOI: http://dx.doi.org/10.1787/9789264208780-en
Statlink: http://dx.doi.org/10.1787/888932935667

12年の結果では、日本は「数的理解力」「読解力」「科学的理解力」の3科目でいずれもトップクラスの成績を収めています（表1-2）。3科目ともトップ10に入っている国は、OECD加盟国では日本しかありません。日本の生徒は先進国中トップクラスの頭脳を持っていると言ってよいのです。

これらの結果から、日本人は若者から高齢者まで、国際的にトップレベルのスキルを有していることがわかります。しかし一方で、その優秀な才能を仕事に充分に活用しきれていないというデータもあります。

図1-5は、PIAACの調査項目である「問題解決能力」「ITの利用」「数的思考力」「読み書き（読解力）」を、実際の仕事で使っている頻

図1-5　仕事における情報処理・活用に関するスキルの使用

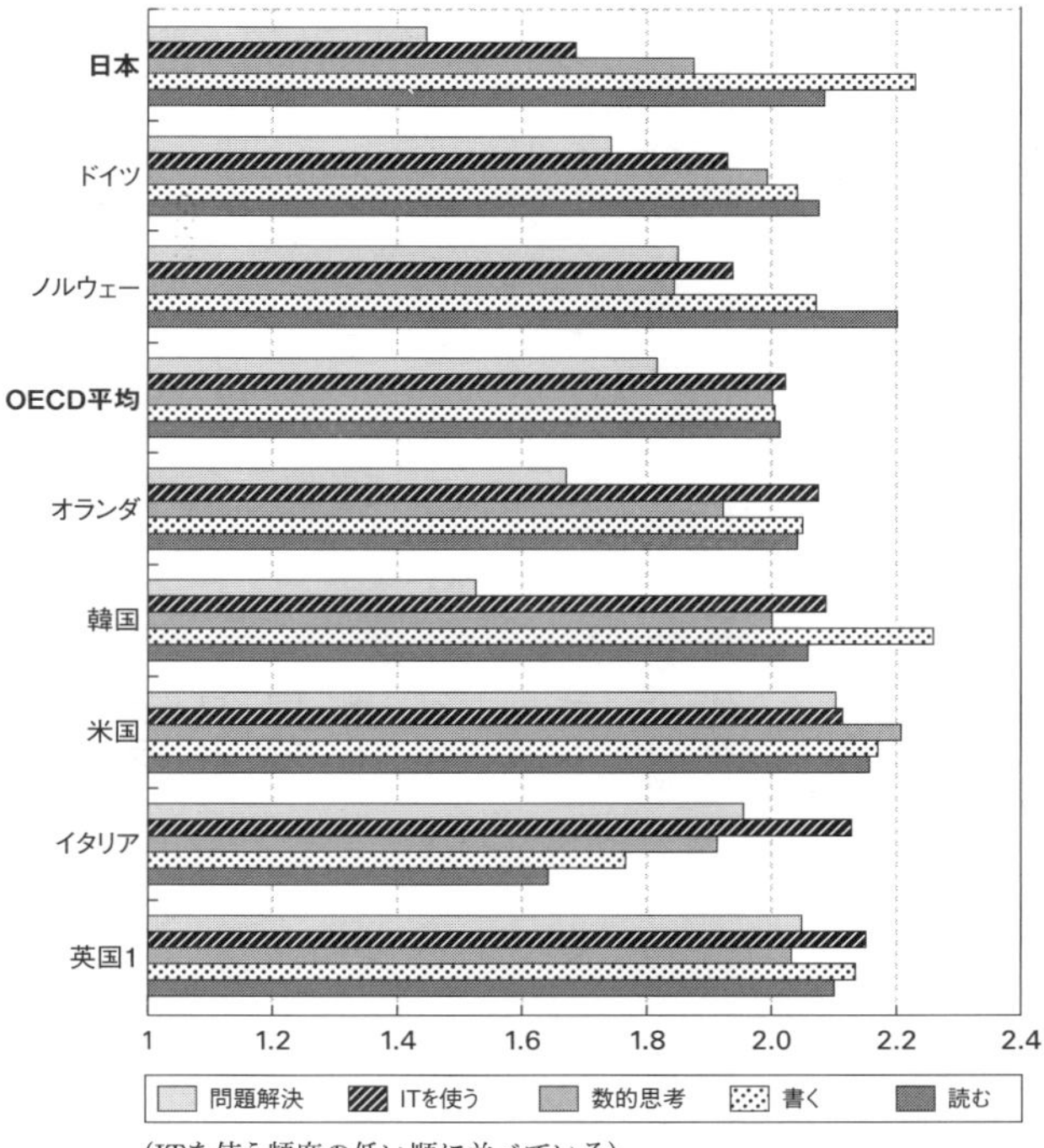

（ITを使う頻度の低い順に並べている）

注：スキル利用指標は、全調査標本にわたって平均2、標準偏差1で標準化している。
1. 英国はイングランドと北アイルランドを含む。

出典：OECD (2013), OECD Skills Outlook 2013: First Results from the Survey of Adult Skills, OECD Publishing, Paris,　Table A4.1.
DOI: http://dx.doi.org/10.1787/9789264204256-en
Statlink: http://dx.doi.org/10.1787/888932901277

度を比較したものです。それによると日本人は、読み書き以外のスキル――ITを使ったり問題を解決したりする能力――を職場で使う頻度が、他の調査対象国と比べてかなり低いことがわかります。一方、米国人はすべての能力を高い頻度で活用しています。つまり、「ITを使った問題解決能力」「数的思考力」「読み書き（読解力）」のいずれも、日本は米国のスコアを上回っているにもかかわらず、その能力を実際の仕事の現場で米国人ほど使っていないということです。まさに宝の持ち腐れです。

スキルは、より頻繁に活用することによってレベルが向上し、使わなければ衰えていきます。新しい技術が出てきたときにすぐに対応できるのは、従来の技術に習熟している人です。日本人は能力が低いわけではないのです。宝はすでに持っているのですから、あとはそれをどう活かすか。戦後70年の間に構築された、産業、社会、人材インフラの基盤を活かしつつ、足りない部分を集中的に強化すれば、飛躍的な成果を上げることは不可能ではないはずです。

＊「人口ボーナスの時代」から「人口ペナルティーの時代」へ

図1‐6は、1時間あたりに産出されたGDP、いわゆる労働生産性の推移を表したものです。ルクセンブルクは常に世界トップ、米国は2014年は4位、表にはありませんがフ

図1-6　労働生産性の推移

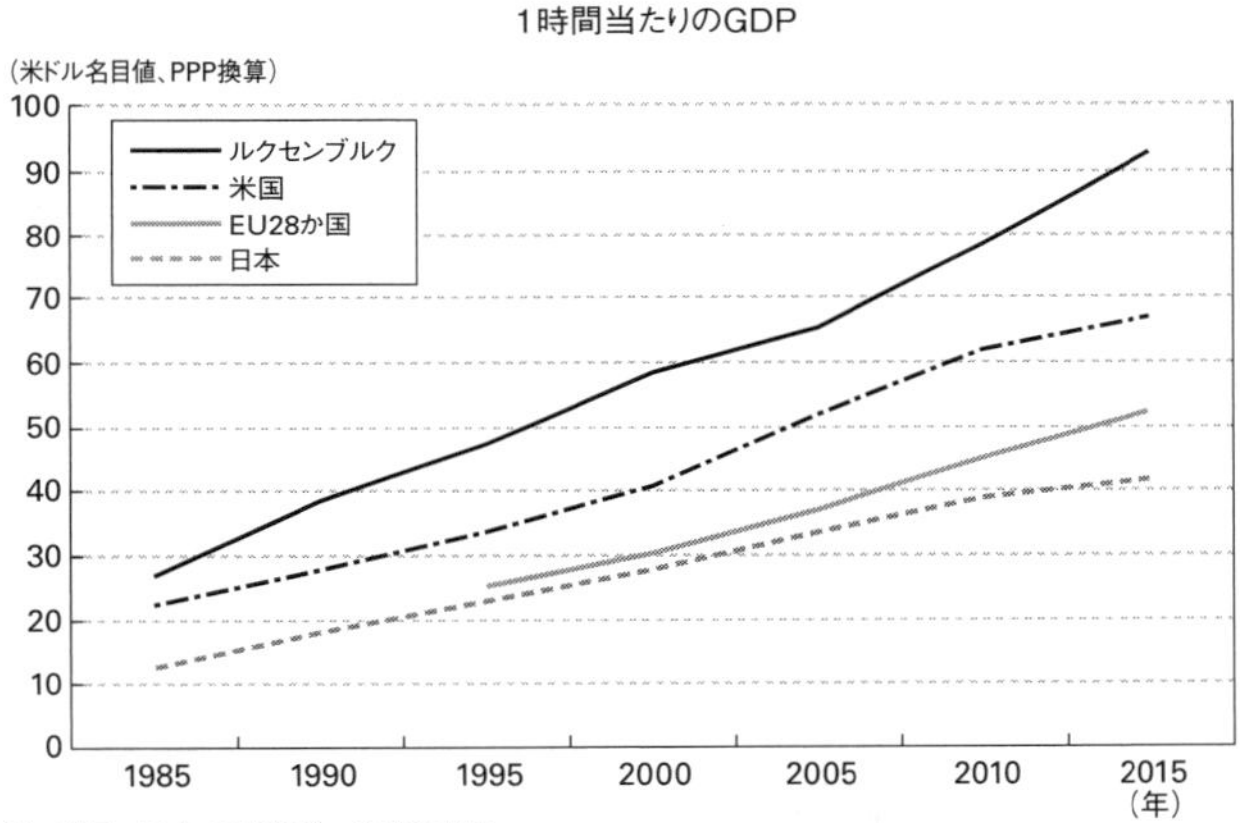

注:米国、日本の最新データは2014年。

出典:OECD (2016), "GDP per capita and productivity levels", OECD Productivity Statistics (database).
DOI: http://dx.doi.org/10.1787/data-00686-en (2016年6月24日抽出)

ランスは7位、ドイツは8位、そして日本は、大きく水をあけられて21位です。

日本は1985年から一貫して、主要先進諸国を大幅に下回った状態が続いています。単純に比較すると、生産性がトップのルクセンブルク人が1時間あたり90米ドル以上生産しているのに対して、日本人は半分以下しか生産していないということになるのです。

これはいかにも残念と言わざるをえません。PIAACやPISAの結果から、日本人が国際的に最高の教育レベルとスキルを有していることがわかりました。そして、日本人は勤勉だというイメージも、多かれ少なかれ間違っていません。

図1-7　日本の人口の推移、年齢別

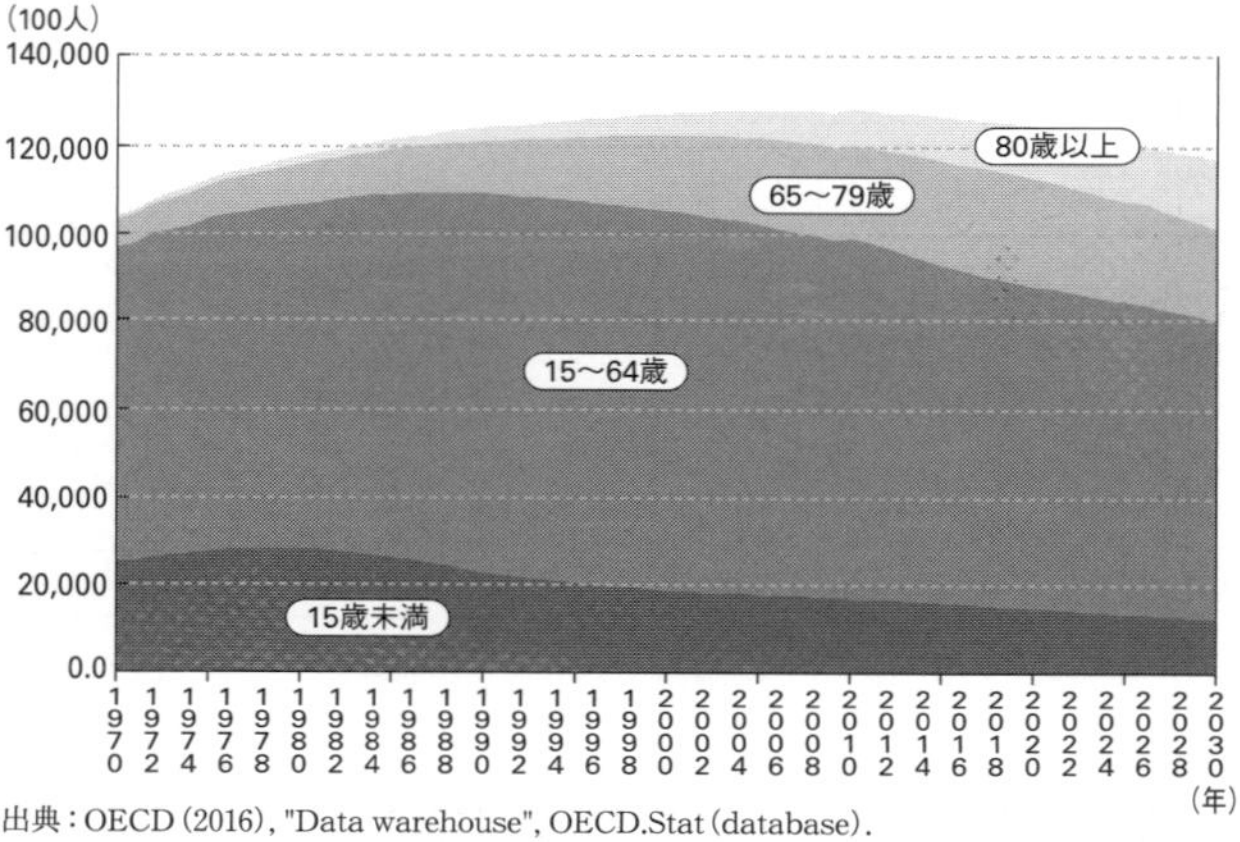

出典：OECD (2016), "Data warehouse", OECD.Stat (database).
DOI: http://dx.doi.org/10.1787/data-00900-en (2016年7月1日抽出)

にもかかわらず、国際的に生産性を比較してみると、大変非効率な働き方をしていることに気付かされます。このまま効率の悪い働き方を続ければ、人口減少に伴い、日本経済は破綻の道をたどっていくことになります。

高齢化に伴い退職する人口が増える一方で、労働市場に入ってくる若者の数は急減しています（図1-7）。つまり、日本の労働人口は危機的なスピードで減少しています。いかなる政策を用いても、出生率が急上昇することはありえません。もはや、日本経済全体のアウトプットを向上させるには、労働者一人ひとりの生産効率を高めるしか方法はないのです。

次に、世界に占める主要国の経済的影響力

図1-8　主要国の名目GDPが世界に占める比率

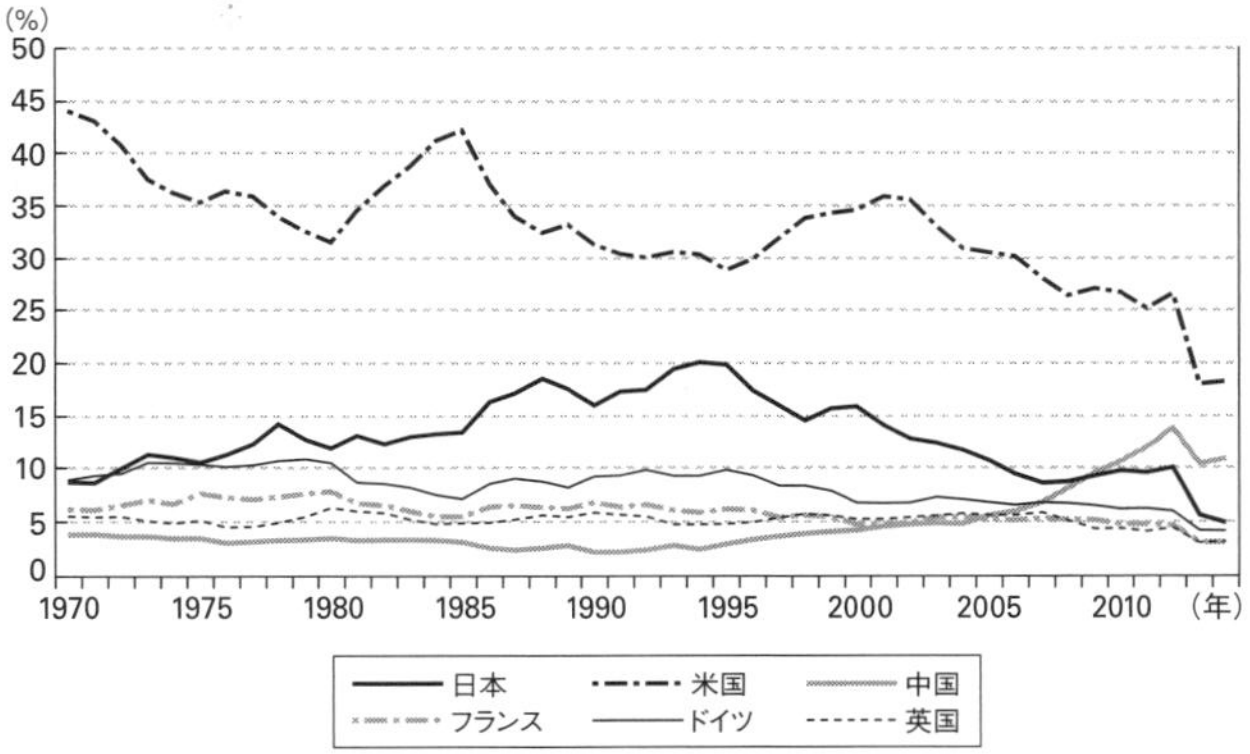

注：1. 世界のGDPには、GDPのデータがある国のみが含まれている。1970-80年代は、主に当時のOECD加盟国と中国、南アフリカのデータが含まれている。
2. 1990年代からは、ほぼすべての現在のOECD加盟国が含まれている他、1993年からはインドネシアとロシア、1995年からはリトアニア、2004-2009年はインドのデータが含まれている。
3. 2013-14年はニュージーランドのデータが含まれていない。

出典：OECD (2016), "Aggregate National Accounts, SNA 2008 (or SNA 1993): Gross domestic product", OECD National Accounts Statistics (database).
DOI: http://dx.doi.org/10.1787/data-00001-en（2016年6月24日抽出）

を見てみましょう（図１-８）。

日本経済が世界経済に占めるシェアは、１９７０年から95年までの25年間は、他の先進諸国が徐々にシェアを減らしていく中、８％台から20％台と右肩上がりでした。実際この時期に、日本の製造業が輸出産業として急成長したことが、日本のＧＤＰに大きく貢献していました。当時はエズラ・Ｆ・ヴォーゲル著『ジャパンアズナンバーワン』（１９７９年）がベストセラーとなり、日本の経済発展を世界が賞賛した時代。ソニーやトヨタなどの日本のメーカーの製品が世界市場を制覇し、巨額の貿易黒字をもたらしました。

日本経済の繁栄が産業政策の成功によるものというのは誰もが認めることですが、その裏に人口ボーナスという恩恵があったということについてはあまり語られていないようです。

日本の人口は、1970年は1億467万人だったものが、1995年には1億2557万人にまで増加しています（図1-7）。この時期から現在に至るまでの労働生産性を国際比較してみると、日本は常に20位以下にとどまっています。日本経済の成功の鍵の一つは、質より量であったことがわかります。

現在、人口増加が顕著な新興諸国、特に中国やインドではアウトプット（財やサービス）が増え続け、かつての日本のように人口ボーナスの恩恵を受けています。アメリカはヒスパニック系による高い出生率などの影響で、先進国の中でも人口増加傾向を安定して維持していますが、欧州諸国の多くが、日本と同様に少子化の問題を抱えています。ただし、欧州では積極的な移民政策を打ち出している政府が多く、日本ほど深刻な労働力人口減に直面している国はありません。

現在の日本は、人口ボーナスが消滅しただけでなく、急速な人口減少というペナルティーが科された状態にあり、先進国としての生き残りをかけて、労働生産性を向上させなければ

図１-９　世界の人口推移

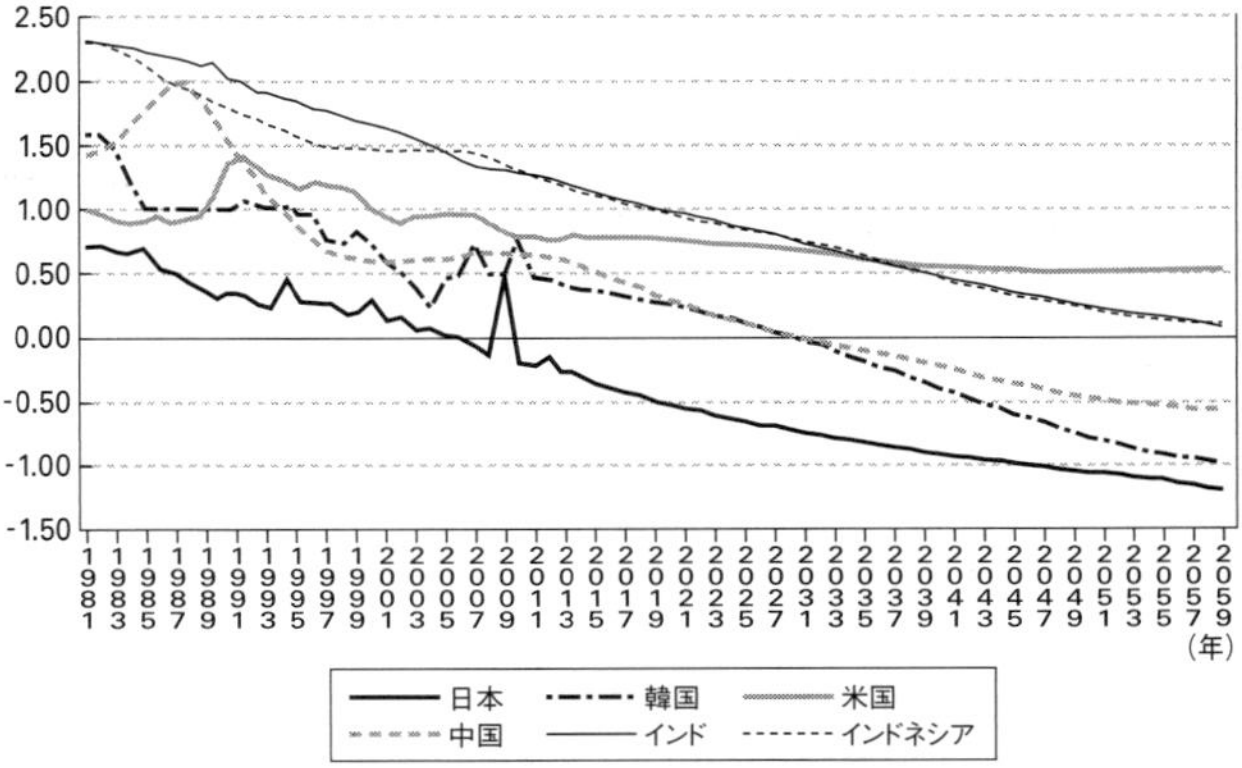

注：日本のデータは、2011年以降、米国は2009年以降、その他の国々は2012年以降が推計値。

出典：OECD (2016), "Data warehouse", OECD.Stat (database).
DOI: http://dx.doi.org/10.1787/data-00900-en (2016年7月5日抽出)

なりません。マクロレベルでは経済構造改革を、ミクロレベルでは個々の企業の人材戦略と労働者一人ひとりの働き方を根本的に見直す必要に迫られているのです。そのようなタイミングで、社会構造を変革させているＩＣＴ－ＡＩ革命は、日本のピンチをチャンスに変えることを可能にする、神風になりうるものなのです。

　人口減少は、近い将来、アジア諸国、特に中国、韓国などが必ず直面する問題です（図１－９）。日本が課題先進国として有効な政策を見いだすことができれば、これら近隣諸国の参考になります。同時に、この課題を解決する過程で登場するシルバービジネスの市場は、日本国内にとどまらずアジア諸国へと拡大していきます。これが、大きなビジネスチャンスになる可能性を秘めているのです。

＊小国からの教訓

表１－３でわかるように、ルクセンブルクの生産性は世界トップです。生産性を国際比較すると、ルクセンブルクの他にもベルギーやオランダなどの小国が上位を占めています。これらの国々は共通して、日本より30年以上も前から人口減少問題を経験していますが、その他にも各国で特色があります。

ルクセンブルクは人口約57万人の小国ですが、金融業や不動産業など収益性の高い産業が国の経済の中心となっています。１９７０年代初頭の石油危機を契機に、主要産業を鉄鋼業から金融・サービス業にシフトさせたことが功を奏し、今では欧州随一の金融センターとしての地位を確立しています。

もっとも、労働生産性が高いことの裏には、付加価値の高い産業に注力しているということだけでなく数字上のからくりもあります。毎日国境を越えて隣国から通勤してくる人が多く、彼らの生産分もルクセンブルクのＧＤＰに計上されるため、一人当たりのＧＤＰが高く

表1-3　労働生産性上位10か国の変遷と日本の順位

2010年ベースの米ドル実質値で比較（購買力平価換算）

	1970年	1975年	1980年	1985年	1990年
1位	ルクセンブルク	ルクセンブルク	ルクセンブルク	ルクセンブルク	ルクセンブルク
2位	スイス	スイス	ノルウェー	ノルウェー	ノルウェー
3位	米国	ノルウェー	スイス	オランダ	オランダ
4位	ノルウェー	オランダ	オランダ	スイス	ベルギー
5位	オランダ	米国	ベルギー	ベルギー	スイス
6位	カナダ	ベルギー	米国	米国	デンマーク
7位	オーストラリア	カナダ	デンマーク	デンマーク	フランス
8位	スウェーデン	デンマーク	イタリア	フランス	米国
9位	ベルギー	スウェーデン	ドイツ	ドイツ	ドイツ
10位	デンマーク	オーストラリア	カナダ	イタリア	イタリア
	日本（21位）	**日本（20位）**	**日本（21位）**	**日本（22位）**	**日本（19位）**

	1995年	2000年	2005年	2014年	
1位	ルクセンブルク	ルクセンブルク	ノルウェー	ルクセンブルク	
2位	ノルウェー	ノルウェー	ルクセンブルク	ノルウェー	
3位	ベルギー	ベルギー	ベルギー	米国	
4位	デンマーク	オランダ	オランダ	ベルギー	
5位	オランダ	デンマーク	米国	アイルランド	
6位	フランス	フランス	デンマーク	オランダ	
7位	ドイツ	ドイツ	フランス	フランス	
8位	米国	米国	ドイツ	ドイツ	
9位	イタリア	スイス	スウェーデン	デンマーク	
10位	スイス	イタリア	スイス	スイス	
	日本（19位）	**日本（19位）**	**日本（19位）**	**日本（20位）**	

出典：OECD (2016), "GDP per capita and productivity levels", OECD Productivity Statistics (database).
DOI: http://dx.doi.org/10.1787/data-00686-en (2016年7月5日抽出)

なるのです。国際税制規制の変更にともない、ルクセンブルクの金融業界の優位性が今後とも維持されるとは限りませんが、グローバルビジネスにおける競争優位性を徹底的に分析して、人的資源を有望な分野に集中させるという戦略は、小国が生き残るための一つの策かもしれません。

オランダも過去40年間、ほぼ一貫して労働生産性上位5か国に入っています。オランダの場合は、正規雇用と非正規雇用の壁を取り除いて労働市場の流動性を高めたことが、生産性の改善につながりました。一つの企業に1年以上勤務すると、勤務時間を短縮できるパートタイム社員になることが権利として保障されているのです。そのためオランダでは、パートタイムの管理職も珍しくありません。オランダの女性就業率が顕著に高い理由として、このような労働市場の仕組みが挙げられます。

また、生産性が低いと思われがちな農業畜産業において、オランダやデンマークは大変高い生産性を上げています。土地資源が限定されているこのような小国が、国際競争力のあるアグリビジネスを構築するためには、付加価値商品への特化と国外市場への売り上げを確保するためのマーケティング戦略が必要です。島国である日本にとっても、交通インフラの発達により、アジアの膨大な中産階級市場へのアクセスが現実的となってきています。また、日本の農産物には日本独特の食文化を反映して、海外でも付加価値の高いものがたくさんあります。

北欧諸国はいずれも、日本より規模の小さい国々です。これらの国々も、70年代から少子高齢化の問題に直面してきました。移民政策に関しては、日本と事情は異なりますが、女性の社会経済進出に関しては日本にとって参考になる政策を多く実施しています。

女性の社会進出が進んでいる一因は、産業構造が製造業中心からサービス産業へとシフトする過程で、女性が活躍できる仕事が増えたこともありますが、人口の半分を占める女性を活用することが国や企業の競争力に直結すると指導者層が認識していることも、その理由として挙げられます。そして、出産などの女性特有のライフイベントと就業を両立させられる環境が整備されてきたこと、労働市場の流動性が高いということも、女性の社会進出を後押ししています。

もちろん、日本の都市圏より小さな国の経済政策をそのまま真似ることはできませんが、日本に先駆けて少子化問題に直面した欧州の小国の採った「集中と選択」の産業構造改革戦略は、少なからず参考になるはずです。

人口の減少と高齢化にともない、国内消費は減少すると考えられます。加えて、シェアリングエコノミーが普及すれば、例えば車を所有する人も減少し、モノの需要は弱まるかもしれません。一方、サービスへの需要は今後も高まることが期待できます。既存のサービスの多様化に加え、まさに高齢化によって新しいサービスも求められるようになるでしょう。成長分野は日本国内市場でも世界市場でも多く存在しますが、他国よりも急速に少子高齢化が進む日本には、世界市場で今後成長が見込める分野を見いだし、そこに資源を集中的に投入して、日本の競争優位性を「量から質」へと転換し、知識経済への移行を促す政策が求められているのです。

幸いにも、日本に近いアジアでは中産階級層が増大し、巨大な消費市場が創出されています。今後日本の経済成長を考える上で、もはや海外市場を視野に入れずして勝算は見込めません。小国としての相対的優位性は何か、という視点を持たなければならない時代になったのです。

欧州の小国は、社会規模が小さいため政策が行き渡りやすく、社会の変革も容易なのではないかと思われるかもしれませんが、日本の3倍以上の人口を有し、経済規模も大きい米国でも、労働生産性では世界第3位につけています（2014年）。アメリカはリーマン・ショックで大不況に陥りましたが、ITビジネスに代表される新興企業の台頭などにより、他国に先駆けて景気を回復させることができました。起業を促進する政策や環境がイノベーションを生み、アメリカの生産性を押し上げる重要な役割を果たしています。イノベーションの種を確実に育てる策を、日本がアメリカに学ぶ点は多いでしょう。

日本では昨今、働き方改革に注目が集まっています。過去数十年にわたって慢性的に低迷してきた日本の労働生産性問題に終止符を打ち、日本再生を成功させられるか否か――。その分岐点に私たちは立っています。諸外国の例を参考にしつつ、日本にとってのベスト・チョイスを見つける必要があるのです。

PIAAC (Programme for the International Assessment for Adult Competencies) ――「国際成人力調査」

PIAACは、知識・技能の調査対象を成人人口に広げたものです。16歳から65歳までの男女個人を対象に、社会経済活動に有効なスキルレベルを調査します。第一回成人スキル調査は、社会生活に必要なキー・スキルとされる読解力、数的思考力、ITを活用した問題解決能力の3分野に焦点を当てて行われました。成人によるスキルの開発・使用状況やスキルを利用することで得られる利益に注目しています。家庭や職場、地域社会でのスキルの使用状況、生涯にわたるスキル開発・維持・喪失の現状、スキルと労働市場への参加や所得、健康、社会参加・政治参加との関係を測るための情報を収集しています。

日本国内では国立教育政策研究所が実施機関となっています。

◆参考文献：OECD (2013), OECD Skills Outlook 2013: First Results from the Survey of Adult Skills

コラム OECDの教育、技能調査について

PISA (Programme for International Student Assessment) ―― 「OECD生徒の学習到達度調査」

PISAは、義務教育修了段階にある生徒が、知識型社会に出て行く上で本質的に必要とされる知識と技能をどの程度獲得しているかを測ることを目的として、2000年から3年ごとに行われています。2016年末には、第6回調査結果が発表されます。

15歳の生徒を対象に、読解力、数的理解力、科学的理解力とあわせて、生徒の興味・関心、学習態度、動機付けなどについても幅広く測定します。調査は各国で4500～5000人の生徒を対象に実施されます。

この調査結果からは、多くの興味深い視点が得られます。生徒の成績の国際的な違いだけでなく、男女別、社会経済的環境別、学校間の違いなども分析されます。これによって、各国の学校制度とその成果について、相対的な知識情報が得られるようになるとともに、それを経年でモニタリングすることができるようになりました。

日本国内では国立教育政策研究所が実施機関となっています。PISAの結果の日本に関する部分の詳細は、同研究所が報告書を作成しています。

◆参考文献：OECD(2009), Take the Test: Sample Questions from OECD's PISA Assessments; 国立教育政策研究所 編(2013)『生きるための知識と技能5　OECD生徒の学習到達度調査（PISA）2012年調査国際結果報告書』

第二章　眠れる「人財」大国・日本

＊埋もれた人材を掘り起こすとき

日本の合計特殊出生率（一人の女性が生涯に産む子どもの平均人数）は、２０１４年現在１・４２人です。少子化の傾向が続けば、日本の人口は２０６０年には約８７００万人にまで減少し、そのうちの約４割が65歳以上の高齢者になります。つまり労働者一人で高齢者一人を支える社会構造となるわけです。そのため、将来の日本経済を支えるために人口を増やすことが日本の喫緊の課題となっています。

日本政府は中期目標として、２０２５年の「希望出生率１・８人」の実現に向けて様々な政策を実施しています。しかし、人々が子どもを持ちたいと思えるような、結婚、出産、子育てをしやすい環境を整備するには長い年月がかかります。移民受け入れの可否をめぐる議論も行われていますが、こちらも近い将来、結論が出る状況ではありません。

日本にとっての唯一無二の選択肢は、いまだ活かされていない人材を掘り起こし、その人材の潜在力を引き出すことです。幸い、日本には埋蔵金化した優秀な才能が多く眠っています。しかもその多くが、今すぐにでも活用できる高度なスキルを有しているか、短期間の再訓練により活躍できる、しっかりとした基礎学力を持った人材なのです。

日本の産業界は１９９０年代初頭以降、20年間に及ぶ不況の影響で、長年にわたり新規採用を抑制していました。その後、２０１１年の東日本大震災の復興需要と同時期にアベノミクスの金融緩和政策がもたらした円安が輸出企業の業績を後押しし、多くの企業が一斉に新規採用を増やそうとしました。しかし、若年層の人口減少はすでに始まっていた上に、内需と外需が同時回復したため、ここで深刻な労働力不足が表面化しました。大卒採用競争は激化し、採用難に直面した日本企業は、人口減問題の深刻さを痛感することになったのです。

人手不足が経済成長の足枷《あしかせ》となっている日本にとって、埋もれた人材を有効活用しないという選択肢は残されていません。

＊日本の中高年齢層は優等生

日本の企業では、40歳を過ぎた頃から管理職に昇進する人とそうでない人が明確に分かれ、後者はキャリアアップを望めなくなるというケースが多く見られます。ところが、ちょうどこの年齢層の日本人は特にスキルが高いということが、ＯＥＣＤの調査で明らかにされています。

第1章で挙げたＯＥＣＤ成人力調査、ＰＩＡＡＣのデータを詳細に見てみましょう。図2

図2-1　年齢別にみた読解力と数的思考力の習熟度

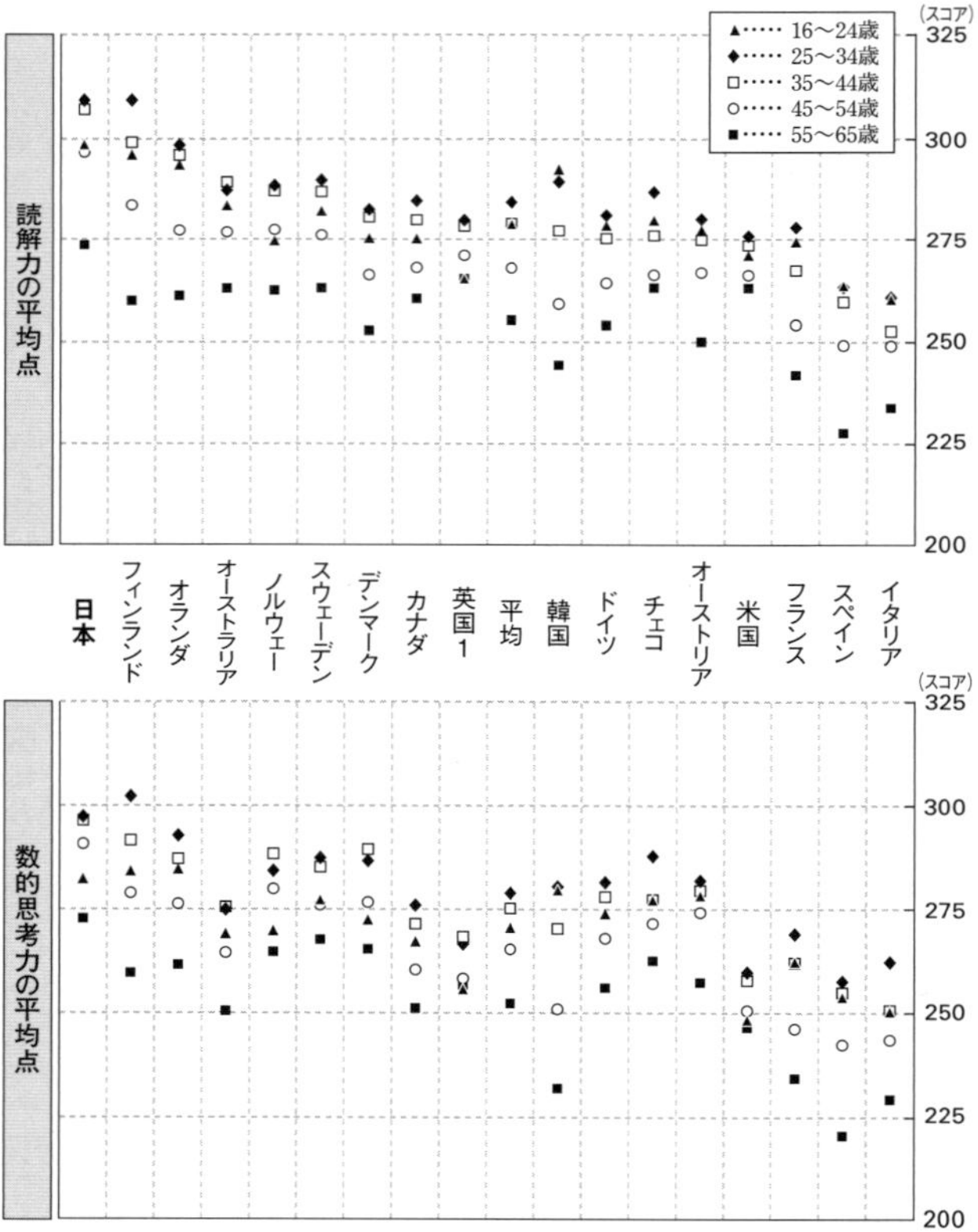

注：1. 英国はイングランドと北アイルランドを含む。

出典：OECD (2013), OECD Skills Outlook 2013: First Results from the Survey of Adult Skills, OECD Publishing, Paris, Table A3.1 (L) and Table A3.2 (L).
DOI: http://dx.doi.org/10.1787/9789264204256-en

Statlink: http://dx.doi.org/10.1787/888932900840

-1は、「読解力」と「数的思考力」の結果を年齢別に表したものです。日本の平均点は両科目とも、ほぼすべての年齢層において他の国々を上回っています。特に、調査対象の最高齢層である55~65歳（図中の■）の能力が高いことがわかります。30歳前後をピークに成人のスキル習熟度は徐々に低下する傾向が各国共通で見られますが、日本人は特に数的思考力の年齢層間の差が小さく、比較的長期にわたって高い能力を維持できていることがわかります。

つまり、中高年齢者層のスキルは国際的に見ても大変高い水準にあり、彼らの潜在能力を効率的に活かす工夫をすれば、この年齢層から社会への大きな貢献が期待できるということです。

中高年の能力が高いことの理由の一つとして、日本の高度な基礎教育システムに加え、これまで日本の多くの企業が現場で丁寧に職業訓練を行ってきたことが挙げられます。日本では終身雇用を前提としながら、長期的な人事戦略に基づき、会社が社員を育成してきました。また、競争よりも和を尊重し、ある程度一定のレベルまでは、みんな横並びで昇進できる仕組みを採用してきました。このような日本特有の終身雇用や年功序列に関しては、多くの弊害も指摘されてはいますが、一方で、他国にはない強みでもあることは確かです。

例えば、先輩が後輩の、上司が部下の面倒を見ながら一人前の人材に育てる企業文化も、その一つです。長期的な展望を持って会社が社員を育成し、社員もそれに応えるかたちで仕事に打ち込み、会社に貢献する。その中で、会社に対する忠誠心も育まれます。また、数年ごとに部署異動をすることで新しい職務や勤務地を経験し、勤続年数が20年、30年と長くなればなるほど、組織のあらゆる業務に精通し、高い事務処理能力を備えた人材になります。

この仕組みは、経済が右肩上がりで拡大していた時代には有効に機能しました。企業が成長するに伴い、新規事業の部署が増え、管理職も増えていきました。問題は、経済成長が横ばい、または先細りになっている時代において、企業は多くの社員に勤続年数に見合う昇進を約束できなくなったことです。

特に、１９８０年代後半のバブル景気のときに採用された人々は、現在50歳前後ですが、その全員に勤続年数に見合う役職を用意したくても、ほとんどの日本企業にはそんなに多くの管理職は存在していません。90年代初頭以降、約20年に及ぶ不況期に、多くの企業では人員の増強は困難になり、特に人件費の高い管理職や幹部などを廃止するようになりました。年功序列制度では、40歳くらいまでは横並びで昇進・昇給しますが、それを過ぎると管理職登用という選抜が始まります。不況で管理職ポストが減少したため、勤続20年程度の会社員で昇進街道からはずれた人が増えました。その中には働く意欲を失う人、または実質的に職務そのものを失ってしまい、解雇されないまでも「企業内失業」ともいうべき状況に置かれている人が少なからずいるようです。

戦後から少なくとも1990年代初頭までは、多くの企業が、特に社員教育に潤沢な資金を費やしてきました。社員らはその恩恵を受けると同時に、若い頃から手厚いオン・ザ・ジョブ・トレーニング（OJT）を受けてきました。さらに、勤続年数が長くなれば、それだけ経験が豊富になり、社内人脈も相当に築かれていきます。

つまり、社員は企業の成果物の一つなのです。そうした社員の知識、経験、人脈を活かさず、労働意欲さえも失わせてしまっては、それこそ宝の持ち腐れでしょう。

2013年の「高年齢者雇用安定法」改正で、企業は正社員を60歳まで雇用しなければならず、また社員が希望すれば、退職年齢を65歳まで延長しなければならないことが法的に義務付けられました。現在40～50代の社員たちを、持てる能力を発揮させずに給料だけ20年間も払い続けるというのは、会社にとって極めて非合理的です。また出世の道が閉ざされた社員のほうも、会社で無為に時間を過ごすより、自分の経験と能力を活かせる新たな役割を見つけるほうが有意義な人生になるでしょう。

こうした点に着目した企業の中には、職場内での第二の人生を考えさせる研修、いわゆる「セカンドライフ研修」を実施しているところがあります。大企業には、ベテラン社員を関連会社に出向させ、その職場で定年まで働いてもらうという慣習もあります。しかし、そのような対処法には限界がある上、効率的な人材配置が行われているとは言いがたいのが現状です。

そこで朗報となるのが、日本の中高年者は世界でトップレベルの数的思考力と読解力を有しているという、図2-1の国際比較の結果です。基礎的な理解力を有していれば、新たなスキルの習得は比較的容易にこなせるはずです。

第1章でも述べたように、ICT-AI技術の発展により、20年前には存在しなかった職業が続々と出現しています。その一方で、新たな仕事を担うべき若年層の数は、ベビーブーマーの中高年と比べて圧倒的に少ないのです。失業率の高い欧州では、中高年者が雇用機会を若年層から奪うという世代間の競争が起こっています。その点、日本は少なくとも当面は、中高年齢層にも若年層にも充分に雇用機会があります。中高年齢層は若者に負けないように新たなスキルを習得し、新分野にチャレンジするべきです。

そのための再教育に対応する能力を彼らは充分に有し、必要なスキルを習得した人たちの受け皿も存在します。例えば、中高年齢層に余剰人員を多く抱える金融機関などでは、急成長のフィンテック（FinTech：ＩＴ技術を駆使した金融サービス）分野に、今後大きな人的投資が必要となるでしょう。製造業では、「モノのインターネット（ＩｏＴ：Internet of Things)」とよばれる分野に成長が見込まれます。もちろん、このような新規ビジネス分野では、柔軟な発想を持った若者のインプットを活用することが不可欠ですが、同時に経験豊富かつ優秀な中高年齢層に新しいスキルを身につけさせ、彼らの能力を効率良く活用する方法を考えるべきでしょう。

これは、世代間で教育、スキルレベルの乖離《かいり》が大きい諸外国では到底望めないシナリオです。独自の企業文化が育まれてきた日本だからこそ、中高年者という人材が武器になるのです。

＊企業の世代間交流が多様性を生む

ここで留意しなければならないのは、ベテラン会社員が過去の成功体験にこだわらないことです。

ICT‐AI革命により、ビジネスモデルの根本的な転換を図ろうとする企業が過去の成功にこだわっていては、新たなパラダイムシフトが起こりにくくなります。従来の仕事に対する知識と経験を兼ね備えた中高年齢層と、新鮮な発想を持った若者の両方の長所が活かされる環境を構築してこそ、新たなビジネスの発想が生まれるのです。そのためには年の功が重要視される従来の雇用慣習に一定の修正を加え、年功序列の企業文化に成果主義の要素を組み込んでいくことが必要です。

製造業で働く私の知人が、こんな話をしていました。

「中高年は、リストラされたくなければ、下の世代に仕事をどんどん教えるべきだ。直接の部下でなくてもいい。若い社員を集めて社内で私塾のようなものをつくって指導すると、そこで育った若者が偉くなったときに、自分のことを引き上げてくれる」

本当に引き上げてもらえるかどうかは別として、自分の経験と知識を次世代に伝えることはとても重要で、その行為そのものが付加価値を生みます。若い世代から新たなスキルを学ぶこともできるはずです。年長者から若年者へという一方通行の教育・訓練だけでなく、今後は異世代同士の相互教育が、長期雇用のメリットになるかもしれません。

最近よく目にするようになった「ダイバーシティ（多様性）」という言葉は、性別や国籍だけでなく、異なる価値観を持った多様な年齢層が関わり合うことを意味します。若い世代の視点と同時に、長年の経験を活かした年長者の視点の両方がバランスよく交じり合うことで、新たな発想を生み出せる。そんな職場こそが、日本企業の競争力の源になるのです。

後述する「ハイブリッド人事」は日本固有の雇用慣習の長所を残しつつ、グローバル企業に必要な人材活用のノウハウを新たに取り入れることで、埋蔵金化した人材を掘り起こすことを提案するものです。

＊日本のニートは高学歴

図２-２は、ＯＥＣＤ諸国の若年無業者、いわゆるニート（ＮＥＥＴ）の割合を表したものです。ＯＥＣＤが定義するニートとは、教育や訓練を受けておらず、職にも就いていない若者を指します。右端の棒グラフは、大学・大学院を修了した、いわゆる高学歴者のニート率です。中央の棒グラフは義務教育修了者のニート率ですが、日本のデータには義務教育修了者と高校卒業者が含まれています。

欧州の主要諸国でニートが多いのは、もともと失業率の高い環境で若者が高等教育を修了せずにすぐに就職することが難しく、義務教育を終えたあと、そのまま失業状態になること

図2-2　ニート率の国際比較

15-29歳の就学者・非就学者合計に占める就業せず教育・訓練も受けていない若年者の割合（2012年）

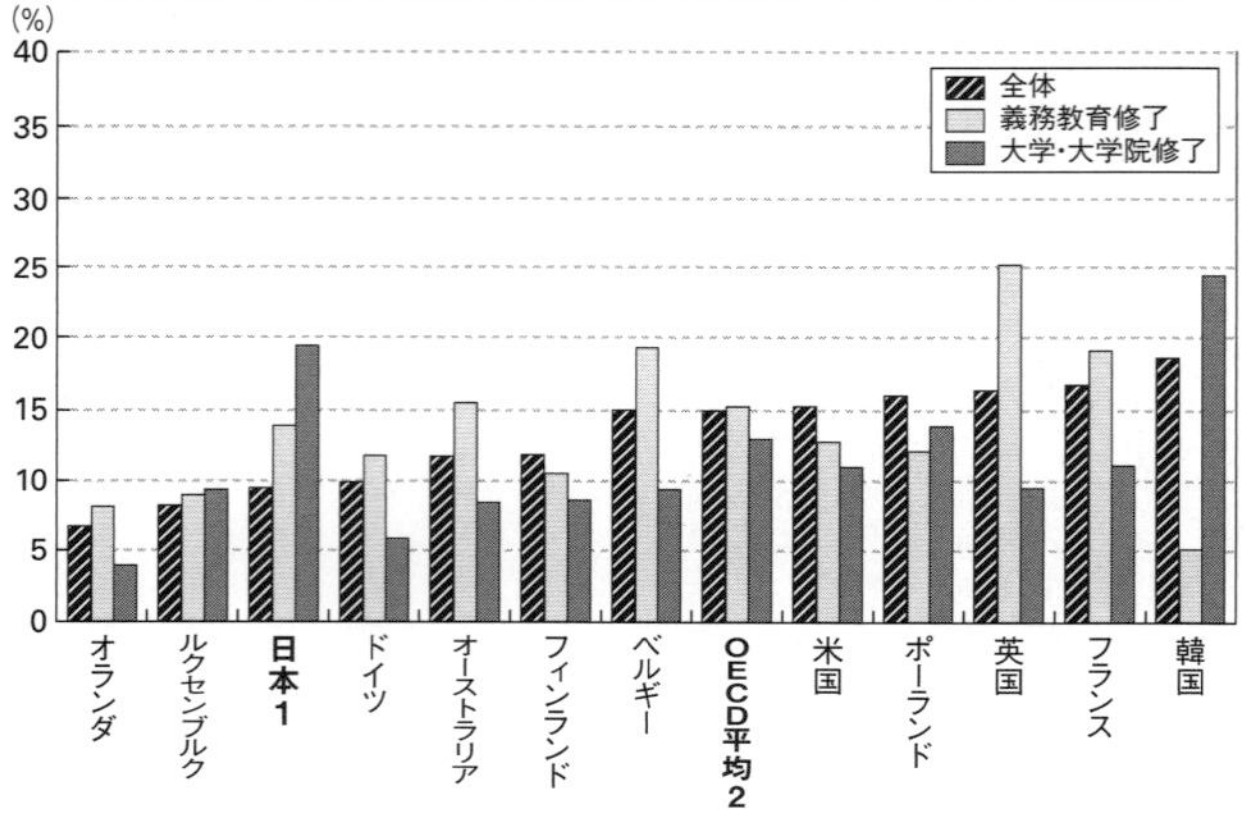

注：1. 日本のデータは15-24歳で、義務教育修了の数値には高校卒業までを含む。
　　2. OECD平均には日本とチリは含まれない。

出典：OECD (2014), Education at a Glance 2014: OECD Indicators, OECD Publishing, Paris.
DOI: http://dx.doi.org/10.1787/eag-2014-en

Statlink: http://dx.doi.org/10.1787/888933118979

が多いからです。学歴が低いほどニートになる確率が高く、高い教育を受ければ、それだけ仕事を得る機会が多いということです。

それに対して日本のニートには、大きな特徴があります。このグラフによると、中学校または高校まで卒業した人たちよりも、大学または大学院を修了した人たちのほうが仕事に就いていないことになります。ここから一つ推測できることは、就職氷河期に就職活動に失敗した若者が就職のチャンスを逃してしまい、ニートになっているのではないかということです。

日本の企業の多くは、高校や大学を卒業したばかりのいわゆる「新卒」を、正規社員として採用しています。学生は限られた期間に一斉に就職活動に乗り出しますが、何らかの理由でその時期に就職活動ができなかったり失敗したりした学生は、その後大企業や有名企業に正規社員として就職することが非常に難しくなります。中には意図的に留年して、再びその画一的な採用スケジュールに合わせるという選択を敢《あ》えてしている学生もいますし、就活のタイミングに合わせるために留学をあきらめる学生も少なからずいます。このタイミングを逃して就職先が決まらないまま卒業すると、主に中途採用枠で就職活動をすることになりますが、日本では正規社員の中途採用が極端に少なく、採用されたとしても、その後の昇進が難しくなるケースが多くあります。

高等教育を修了した優秀な若者が、限られた数か月間にたまたま就職活動ができなかった、または、たまたまその年が不景気で就職できなかったというだけで社会に出て活躍する機会を得られないというのは、日本経済にとって大きな損失です。彼らが卒業と同時に就職できた若者よりも、能力や働く意欲において劣っているとは限りません。

留学したり、大学を休学して外国を旅したりした若者は、〝右へ倣《なら》え〟で学校から就職までを一直線に歩む大多数の若者とは異なる視点や価値観、画期的なアイデアを持っているかもしれません。そのような若者に門戸を閉ざすことは、企業にとっては優秀な才能を持った人材を逃していることになるのです。

また、日本には「高学歴プア」と呼ばれる問題もあります。

大学の新規卒業者に的を絞った採用活動が中心の日本企業は、欧米諸国と比較すると、大学院を修了した高学歴者の採用には積極的ではありません。多くの日本企業は、すでに一定の専門知識を持った人たちよりも、まっさらな状態の若い新卒を採り、様々な経験を積ませてその企業の組織人として同化させていくことを好む傾向があります。大学院生は、博士課程修了時に30歳近くになっている場合もあります。その年齢で日本企業に就職することは難しく、就ける仕事も限られ、「高学歴プア」に陥る人たちが少なくありません。専門知識を有した高学歴で優秀な人々の就職を阻《はば》んでいるのは、ここでも従来型の企業の雇用慣行です。

しかし、かつてないほどのスピードで激変する今日のビジネス界で、競争に勝ち残るために必要な人材をすべて自社で純粋培養することは、非現実的です。グローバル展開を図る世界の一流企業の間では、外部環境に迅速に適応するための人材獲得競争が熾烈化しています。欧米諸国では金融恐慌をきっかけに失業率が急上昇しましたが、そのような状況下でもwar for talent、つまり高度な能力を持ったグローバル人材の獲得競争はますます激化しました。日本の企業が新卒の一括採用や年功序列といった従来型の雇用慣行に固執していては、優秀な人材を獲得することが難しくなり、グローバルな競争で大きく後れを取ってしまうことは確実です。

＊出る杭を伸ばす

日本の企業で生かし切れていない人材として、もう一つ考えられるのが、「もっと能力を活かせる仕事をしたいのに」と思いつつ、それを行動に移せない人々、特に若者です。「出る杭は打たれる」「右へ倣え」といった風潮が強い日本で、鬱々《うつうつ》と過ごしている人が多いことが、ＯＥＣＤの調査から明らかになりました。図２-３はＰＩＡＡＣ調査結果の一つで、「今就いている仕事で必要と考えられる学歴よりも、自分の最終学歴のほうが高い」と感じている労働者の割合を明らかにしたものです。

「日本では、自分が学歴過剰だと感じている人が最も多い」という結果が出ています。高学歴を得て就職しても、自分が学んできたことをその仕事で活かせているのか、疑問に思っている人が多いと推測できます。

図2-3　学歴過剰の割合

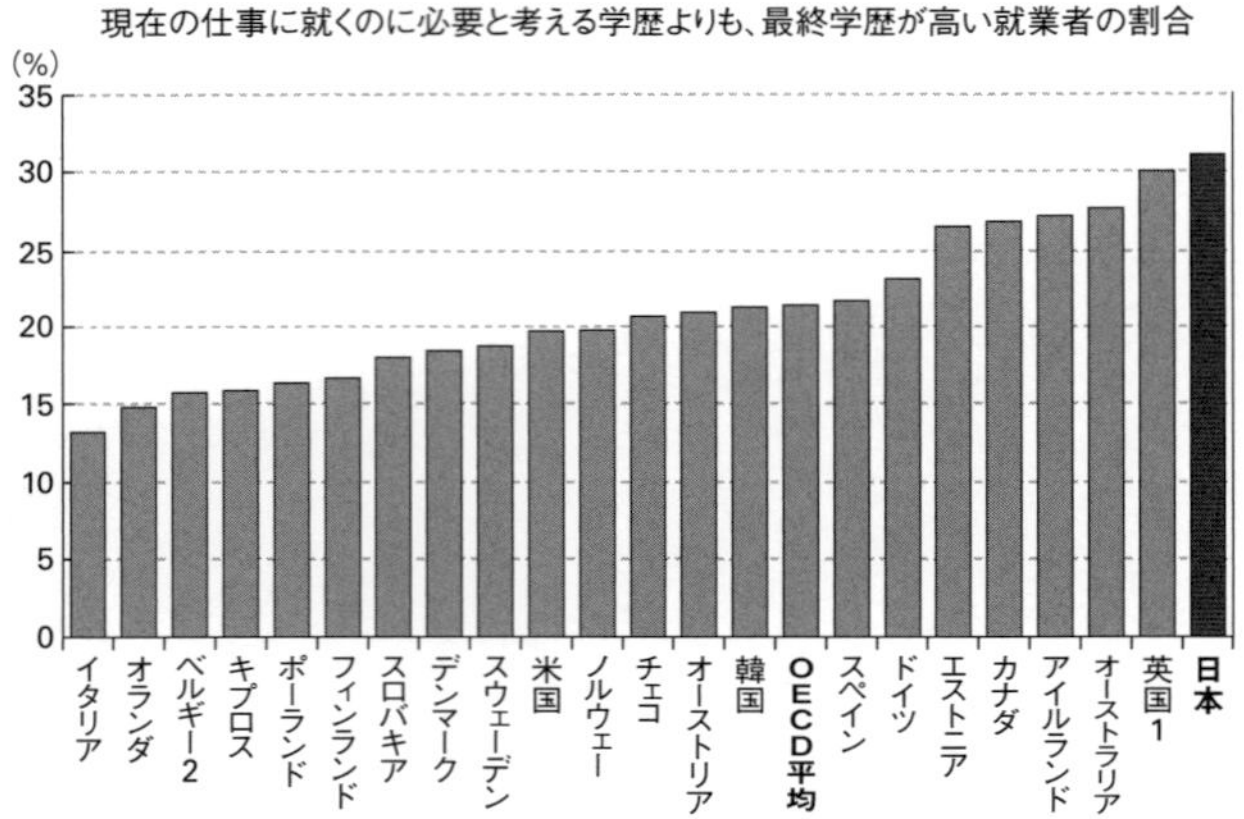

注：1. 英国はイングランドと北アイルランドを含む。
　　2. ベルギーはフランドルを含む。

出典：OECD (2013), OECD Skills Outlook 2013: First Results from the Survey of Adult Skills, OECD Publishing, Paris,　Table A4.1.
DOI: http://dx.doi.org/10.1787/9789264204256-en
Statlink: http://dx.doi.org/10.1787/888932901733

もちろん、大学までに学んだことが主に一般教養であれば、それがすぐに現場で具体的に役に立つというわけではありません。しかし、高い教育を受けた人たちはマニュアルに沿った作業だけでなく、困難な問題に取り組み、自力で解決する能力を持っているはずです。適切な職場環境を与えられれば能力を発揮し、さらに力を伸ばすことができるでしょう。しかし、横並びの人事が行われている日本企業に何年もいると、次第に自分の能力が活かせない、正当に評価されていないと不満を感じてしまうのではないでしょうか。

私は日本の大学を卒業後、3年間国際連合で働いたのち、ハーバード大学で経営学修士（MBA）を取得したのですが、そのときの同期に日本人留学生が十数人いました。そのうち10人ほどは企業から派遣された人たちでしたが、彼らのほとんどは、帰国後数年で外資系企業へ転職してしまいました。

こうした傾向は、他のトップ・ビジネススクールの卒業生にも見られます。企業が費用を負担して留学させたにもかかわらず、MBA取得後に退職してしまう社員があまりにも多いため、「卒業後○年間は退職しない」といった〝誓約書〟を書かせる企業もあるほどです。それでも、会社に授業料を返済してまで転職を選ぶMBA取得者は後を絶ちません。そのため、不況期にはついに留学制度を廃止してしまった企業もあったようです。なぜこのようなミスマッチが起こるのでしょうか。

実際に転職した私の知人の多くは、その理由として「機会ロス」を挙げました。ビジネススクールで2年間学び、多くの刺激を受けて帰国したあと、任された仕事に満足感ややりがいを感じることができなかった、または仕事には満足できても昇進のスピードが遅すぎると感じた、といった不満が積み重なることで、転職に踏み切っているのです。

転職ではなく、起業という道を選ぶ人も多くいます。彼らに共通しているのは、現在の会社に残ってできる仕事とそれ以外の選択肢を天秤にかけたときに、前者では「機会ロス」が発生すると認識していることです。

その背景には、ＭＢＡ取得者だけを特別に早く昇進させるわけにはいかないという、年功序列を基本とした人事制度があります。しかし、厳しい社内選抜をくぐり抜けて世界のトップ・ビジネススクールを卒業した人たちは、他の社員よりも高い能力とモチベーションを持っているはずです。企業側も、将来性を見越して投資した社員をこのような理由で失うのは、まったくもって不本意でしょう。

優秀な社員が海外のビジネススクールで学んできたものを十二分に発揮でき、それに見合う見返りを与える環境を企業側が整えるよう努める。そうした仕組みができれば、彼らの能力は、会社だけでなく日本経済にとって強い武器となるのです。

＊「人材」を「人財」に変えられるか

本章では、優秀な中高年、高学歴ニート、特に優れた能力を持つ社員について述べてきました。女性がいかに優れた人材であるかということは次章で取り上げますが、日本には優秀な人材が大量に埋もれていることが国際比較を見るとよくわかります。

人材を財産として活用するためには、どうすればよいのでしょうか。日本の優秀な人材は、終身雇用制や年功序列という日本企業特有の慣習によって育成された側面が多分にある一方、従来の日本型の人事体制のままでは、グローバルな競争力の促進は困難だという負の側面もあります。

私自身の経験も含め、いくつか海外の例を参考にしながら、日本企業独自の「ハイブリッドな人事戦略」を構築することができるのか考えてみましょう。

＊30代で幹部になる

私はＭＢＡ取得後、ゴールドマン・サックス証券のニューヨーク本社に就職し、15年間勤務しました。アメリカの金融業界はとりわけ転職率が高いので、15年という勤務年数はかなり長いほうです。

私がそこで長く働くことができた最大の理由は、常にやりがいのある仕事を任され、金融のプロとして自分の成長を実感できる職場環境だったからです。2～3年ほどのサイクルで別グループへの異動や別地域のオフィスへの転勤があり、そのつど、常に新たなチャレンジが課されました。仕事ができるようになったという自信を持てると、すぐにさらに難易度と期待値の高い任務が与えられました。15年の間に、ニューヨーク、ロンドン、東京の3つのオフィスと、4つのプロダクト・グループを経験しました。

そして、新米アソシエートとして入社してから10年目でマネージング・ディレクターとなり、多くの部下を持つようになりました。このとき、私はまだ30代でした。といっても、私の昇進が特に早かったわけではありません。同時期にマネージング・ディレクターに昇進した同僚の平均勤続年数は10年でしたので、私の昇進スピードはいたって平均的です。

30代で幹部になれるのは、この会社では珍しいことではありません。年齢にかかわらず、成果次第で昇給、昇進が決められる制度が徹底しており、年功序列的な人事配慮はほとんどされません。昇進には大変厳しい競争がともなうため、多くの人はそのプロセスから徐々に振るい落とされていきます。40代になると、私の所属していた株式部では、同世代の同僚の数はめっきり減りました。もちろん、社長や会長などの最上層部には50代や60代の経営陣がいましたが、ごく少数です。

アメリカの投資銀行業界は、優秀な社員に若い頃から管理責任を任せ、ビジネスの中核を担わせる人事戦略を採用している企業が多く、全体的に若者が多いのが特徴です。次のレベルに昇進しなかった場合、あるいは自分で適性に劣ると感じた場合、多くの人がみずから転職を選び、新たなキャリアのチャンスを求めることになります。業績が悪化すると、リストラの対象になることも頻繁にあります。

同期に入社した同僚の多くは、金融業務の専門知識や経験を武器に、30代、40代を迎える局面で次々と他の分野に転身していきました。同業他社に移った人も多数いましたが、メーカーの財務、経済ジャーナリスト、非営利団体への転職、起業など、実に広範囲に及ぶ分野で活躍しています。私も、金融業務の経験を公的分野で活かしたいと考え、ＯＥＣＤに転職しました。40代後半の頃でした。

＊アップ・オア・アウトのキャリアシステム

外資系投資銀行やコンサルティングのようなプロフェッショナル企業の多くは、このような人事制度を採っています。日本のいわゆる「総合職」にあたるプロフェッショナルは、成果に応じて常に昇進のハードルをクリアし続けなければ会社に残ることすら難しいのです。この仕組みは一般に「アップ・オア・アウト（up or out）」と呼ばれています。私が働いていたゴールドマン・サックス証券を含む投資銀行では、次のようなシステムになっていました。

大学を卒業した新卒者は、通常「アナリスト（Analyst）」として採用されます。彼らは2、3年間激務をこなし、「アソシエート（Associate）」に昇進します。この間は特に長時間労働を強いられる場合が多く、それに耐えられずに途中で他の業界に移る人も多くいます。アナリストのプログラムが修了する頃、多くの人がＭＢＡを取得するためにビジネススクールに入学します。ＭＢＡ取得後は、元の会社に戻る場合もありますが、他の企業や業界に転職してキャリアアップを目指す人も多くいます。アメリカでは、日本のように企業が留学費用を負担して社員をビジネススクールに行かせるという例はごくまれです。高い学費を自分で払ってもそれだけの見返りがあると判断して、多くの学生がビジネススクールに入学します（ちなみに、私のようにＭＢＡを取得してから入社する場合は、アソシエートのランクからのスタートになります）。

日本企業のように、転勤や異なる部署へ配属されることもあります。ただ、日本企業の場合、正規社員全員を対象に転勤や異動が定期的に実施され、昇進プロセスに組み込まれているのに対して、欧米の企業の場合、それが昇進の必要条件として位置づけられているケースは少ないようです。むしろ、業務拡張などによる適材適所という理由から、人事の配置換えを行っています。日本で一般的な単身赴任は、欧米企業では非常にまれです。

先ほど述べたとおり、昇進の選考で落とされた人は元のランクに残りにくいので、身の振り方を考えざるを得ません。日本のように、同じ会社で働き続けるために子会社に出向するといったことはほとんどありません。まさに、「アップ」できなかった人たちは「アウト」するというシステムなのです。

しかし「アウト」したからといって、その人の雇用機会が否定されるわけではありません。あくまでもその企業では昇進できなかったというだけで、転職活動に大きな支障が出るわけでもなく、他の企業に移ったほうが条件が良くなる場合もあります。雇用流動性が高いアメリカでは、転職を繰り返すことに日本のようなマイナス・イメージはないのです。

ＭＢＡ取得には、お金も時間もかかります。苦労したにもかかわらず、そこで得た知識が充分に活かせない環境に配属されていたら、私自身ももっと待遇の良い企業に転職していたかもしれません。能力が高いのに勤続年数が短い、あるいは年齢が若いという理由だけで、大きな責任とやりがいを伴う場を与えられなければ、優秀な人材ほど、新たなチャンスを求めて外部に流出してしまうのです。

＊アマゾンの働き方騒動

年功序列か競争主義か、という議論は日本でも常に行われています。競争主義を採用すれば、企業内で役割を失ってしまった人をふるいにかけることができる、という考え方もあります。しかし、行き過ぎた競争主義には弊害もあります。その極端な例がアメリカのAmazon.com Incです。２０１５年の夏、その労働環境を『ニューヨーク・タイムズ』紙が報道して大きな反響を呼びました。

アマゾンは徹底した顧客サービスで、小売業界に大変革をもたらしました。業績の伸びにともなって株価も急上昇し、報酬の一部として株を受け取ることができる社員は、個人資産を大きく増やすことができます。企業としての高い成長力と報酬に魅力を感じ、アマゾンに就職を希望する人は後を絶ちません。ところが、入社後の社内の競争は非人道的なほど厳しく、就職して2、3年のうちに大半の人たちが力尽きて退職してしまうと報道されたのです。

報道によるとアマゾンでは、昇進の基準となる勤務査定を、多数の項目からなる詳細なデータに基づいて行います。年齢や勤続年数には関係なく、査定で得られたデータに基づいて決定されるため、体力があって扶養家族も持たず、長時間労働に耐えられる若者のほうが、中高年より昇進しやすくなります。しかし、この査定は絶対評価ではなく上司や同僚の相対評価に基づいており、いつでも誰でも、同僚についての意見を管理部にオンラインで送信できるというシステムでした。そのため、誰もが常に周囲の目を気にするようになり、また、自分の相対評価を上げるために他の人々の評価を低くするということも頻繁に起こっていると、『ニューヨーク・タイムズ』紙が批判したのです。

このような極端な人事戦略を採る企業は、アメリカでも多くはありません。アマゾンのようにいつでも同僚を評価できるオンラインシステムを導入した企業は他にもありましたが、社員同士のチームワークを阻害するという理由で、ほとんど廃止しました。

これは極端な例ですが、能力主義、成果主義の人事は世界のグローバル企業では主流です。日本企業は、一方で人手不足という課題に直面しているにもかかわらず、他方で有能な若者や知識と経験を備えた中高年の社員を充分に活用せず、埋もれさせているという矛盾を抱えています。

そうした問題解決のために、海外の企業の人事戦略から学べることは多くあります。グローバル・ビジネスの最先端で活躍する企業の人事戦略を日本的な雇用慣行とうまく融合させた「ハイブリッド人事戦略」を生み出すことができれば、日本経済の活力へとつながるのではないでしょうか。

＊ハイブリッド人事への道

多くの日本企業では今でも、年功序列と終身雇用を基本とした雇用慣行が一般的です。長期雇用を保証された正規社員は、賃金相当以上の長時間労働や転勤を受け入れ、その見返りとして、退職金を含む比較的高い収入を高齢になって確保することができます。この制度には、自分が所属する会社や組織に対する忠誠心が生まれ、社員が家族のように一体となり、秩序が保たれやすいといった利点もあります。特に製造業を中心に経済が高度成長を遂げた日本では、均質な労働力を確保する方法としても有効なシステムでした。

しかし、ここまで見てきたように、この制度には労働市場を硬直化させるという負の側面があります。労働力が不足している日本企業が画一的な雇用制度に固執していては、有能な若者が活かされない一方で、安定雇用という既得権を持つ年配者はリスクを取ってまで新しいことに挑戦せず、組織全体が事なかれ主義に陥りやすいという短所のほうが目についてきます。

また、年功序列は主に中途採用者に不利になるため、年功序列を採用している企業が多ければ多いほど転職が難しく、労働市場は硬直化することになります。企業は成果を上げない社員であっても辞めさせることができませんし、社員のほうも転職すると給与が下がったりキャリア・ダウンしたりすることが多いので、会社に留まるほうを選びます。

しかし、これからは日本でも成果主義を導入することにより、競争力を高める企業が増えていくでしょう。それは単純に、終身雇用や年功序列を廃止して成果主義を導入するということではありません。日本的な安定した人事戦略に成果主義を融合させて競争力を高めること、つまり、日本の強みを活かしつつ、世界でも競争力を持てる「ハイブリッド人事」を実践するのです。

そのためには、新卒採用と中途採用とのバランスを見直す必要があります。採用の門戸はなるべく広く開き、採用時期や年齢、経験などに関しては柔軟な対応をすると同時に、採用した人材に関しては、成果主義に基づいた長期雇用の展望を提供することが必要です。成果主義と長期雇用を両立させることは、矛盾しません。

新卒の若者を採用して、長期的視点で育成するのは日本企業の強みですから、今後も継続すべきです。それと同時に、画一的な採用慣行に合わなかった人材を取りこぼさないことも重要です。市場のニーズに対応するためには、画一的に採用された社員だけでは間に合いません。留学したり、ギャップ・イヤーを取って世界を旅したり、ボランティア活動を経験したような若者なら、強い問題意識を持って行動する、優れた人材になるかもしれません。

世界のビジネス環境は、猛スピードで変化し続けています。その変化に対応するには、即戦力のある優秀な人材を性別、人種や文化の違いを問わず、積極的に採用する必要があります。中途採用が昇進しづらい職場環境では、優秀な人材を取り入れることは困難ですし、仮に採用できたとしてもすぐに退職してしまうかもしれません。年功序列から、勤続年数にかかわらず機会平等の原則に基づいて昇進・昇給させる方針にシフトすれば、多様な経験を持つ中途採用者と生え抜き社員とが切磋琢磨し、企業内に革新的なアイデアが生まれる素地ができるのです。

柔軟に人材を採用し、年功序列制を緩和するということは、定期的に行われる転勤や人事異動についても再考する必要があるということです。転勤が昇進の必要条件であれば、柔軟な雇用慣行の重い足枷となり、特に家庭を持つ女性や介護中の人に不利に働きます。会社側がなるべく多くの選択肢を用意し、働く一人ひとりの能力を最大限引き出すことが、日本社会全体にとっても企業にとっても不可欠です。

長期雇用の展望を保ちつつも、一定の訓練期間を終えた社員に対しては競争原理を導入し、キャリアの早い段階で成果や能力に応じたポジションを与えることが、年齢にかかわらず優秀な社員の潜在能力を充分に発揮させることにつながります。そして、ニーズに応じて多様で優秀な人材を外部から採用し、重要な職務を任せてキャリアパスを提供することが、組織を活性化させます。

より多くの企業で採用や昇進などの人事が柔軟に遂行されていくと、労働市場全体に流動性が生まれます。流動性があれば、優秀な人材はより良い条件を求めて転職を考えやすくなります。企業は、優秀な社員を失わないためにも、彼らにとって魅力的なキャリアパスの展望を提供する必要に迫られるでしょう。一方、会社の業務ニーズに合致しなくなった社員も、労働市場に流動性があれば、社外で新たなチャンスを見いだすことが容易になります。特に高いスキルレベルを有する日本の中高年齢者は、再訓練の機会を企業や政府機関が提供すれば、最小の時間と労力の投資で、新たなニーズに対応できる戦力に転身できる可能性を秘めているのです。

＊労働市場の二重構造の解消

個々の企業が長期雇用と成果主義のバランスをとりながら「ハイブリッド人事」を実践し

ていくと同時に、正規労働者と非正規労働者との二重構造を是正していくことが重要です。日本では、この20年で非正規労働者数が急増しました（図2－4）。今では、全就業者の4割が非正規労働者で、その多くが女性です。その中には、働き方の自由度が高いために非正規雇用を望む人たちも含まれます。しかし現実には、多くの正規労働者は正規雇用を望んでいます。総務省の調査によると、働きざかりの35～44歳で非正規労働者の約2割は、不本意ながら非正規労働を続けていることがわかっています。

非正規という雇用体制そのものは、雇用主側にも労働者側にも柔軟性を与えるという利点があり、けっしてデメリットばかりではありません。しかし、業務内容が同じにもかかわらず賃金格差がある場合、雇用主側が搾取しているような環境が生まれ、労働市場の歪《ひず》みを生みます。

さらに、非正規と正規の労働者間で流動性がなければ、優秀な非正規労働者が正規社員に転身する機会も与えられません。企業は通常、正規社員のみを対象に研修を行います。能力があっても非正規社員であるために研修の機会を与えられないという状況が続くと、非正規社員のスキルレベルは伸びませんし、場合によっては低下します。

日本企業は多様な人材を有効に活用するためにも、非正規から正規への雇用形態の変更の

図2-4　非正規社員の割合（雇用者全体に占める割合）

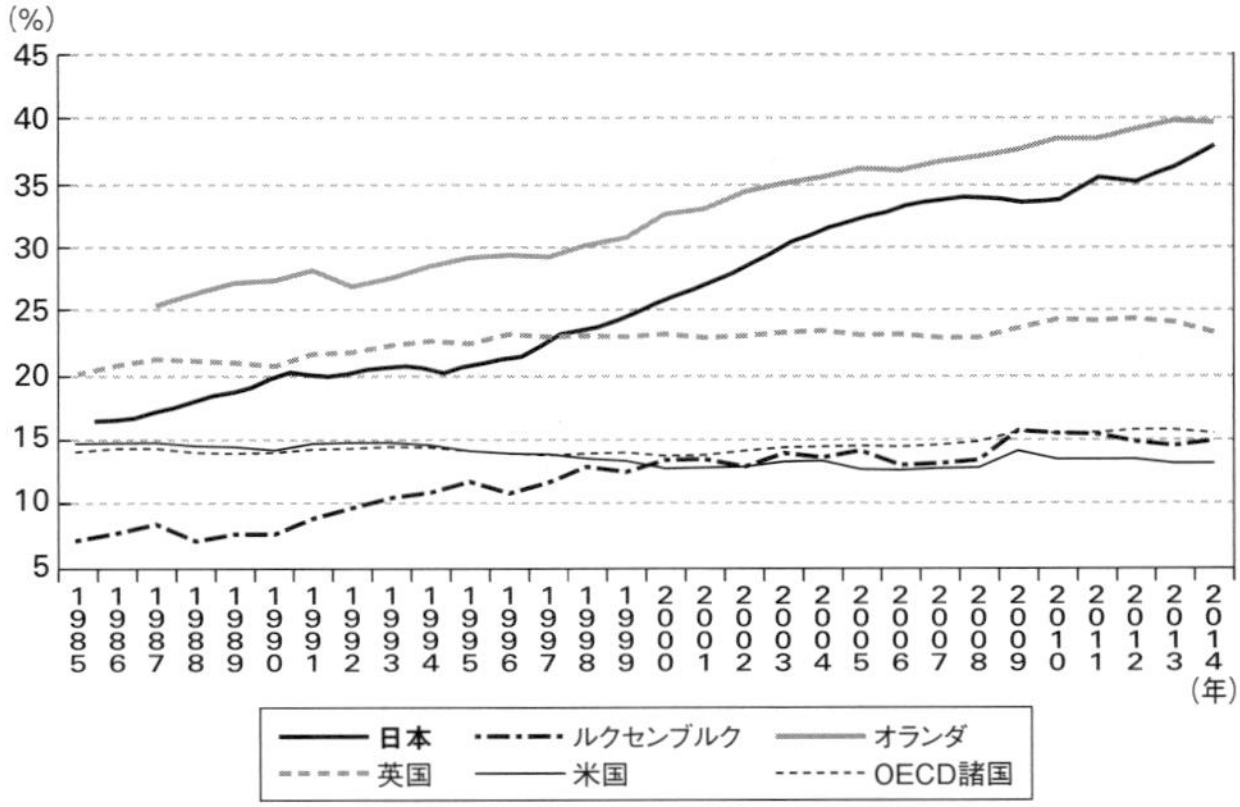

注：日本のデータは、2001年以前は「労働力調査特別調査」、2002年以降は「労働力調査詳細集計」により作成されており、調査月、調査方法が異なるため、時系列比較には注意が必要。2002年以降は、「労働力調査詳細集計」の毎年第1四半期の平均を使用。

出典：日本のデータは、総務省「労働力調査」「長期時系列表9　年齢階級，雇用形態別雇用者数 － 全国」（2016年5月10日公表、https://www.e-stat.go.jp/SG1/estat/GL08020103.do?_toGL08020103_&tclassID=000001007607&cycleCode=0&requestSender=dsearch）をもとに作成。その他の国々のデータは、OECD（2016）, "Labour Market Statistics: Full-time part-time employment - common definition: incidence", OECD Employment and Labour Market Statistics (database).
DOI: http://dx.doi.org/10.1787/data-00299-en（2016年7月5日抽出）

壁を低くして、雇用のさらなる流動性を促進していく必要があるのです。

そのためには、非正規労働に関する規制緩和を実行させると同時に、正規労働者の解雇に関する手続きの明確化も重要になってきます。解雇ルールの明確化は、いわゆる痛みを伴う制度改革を意味するものであり、政治的にも難しい側面があります。しかし、不当解雇の金銭解決の導入も含めたルール作りと徹底実施を政府が推し進めることで、雇用の流動性と民間企業による人材の有効活用を促進することになるのです。

第三章　女性は日本社会の“Best Kept Secret”

＊古くて新しいウーマノミクス

ゴールドマン・サックス証券の日本株ストラテジスト、キャシー・松井さんが最初に〝ウーマノミクス〟を提唱したのは、１９９９年のことでした。すでにこのリポートから、日本の労働力人口の減少問題に対処するためには、男女の雇用格差解消が有効な対策だと述べられていたのです。当時私は、キャシーさんと同じ会社のニューヨーク本社で働いており、彼女の着眼点に大いに共感し、女性の有効活用こそが日本再生の鍵であると感じました。

しかし、当時の日本の政府や産業界は、女性の社会進出の必要性を認識しつつも、抜本的な対策は打ち出せませんでした。女性の活躍推進が世界的に進む中、日本は大きく出遅れてしまったのです。これだけの経済大国になり、国民の教育水準も高い日本が、女性の経済および社会進出に関する指標のどれを見ても劣等生としか言えない状況にあるのは、多くの外国人の目には異常にさえ映ります。私自身、長年の海外生活から帰国した直後は、男尊女卑の残る日本社会に少なからぬカルチャーショックを受けました。

このように、ウーマノミクスという概念は新しいものではありません。現在の安倍政権が成長戦略の柱として提唱している「２０２０年までに指導的地位にいる人の３割を女性にする」という目標は、もともとは1985年の国連のナイロビ会議（第3回世界女性会議）で公表された、「政策決定への女性の参加率を1995年までに30％にする」という宣言に基づくものです。それを受ける形で、同年に「男女雇用機会均等法」が成立し、内閣府男女共同参画局は2003年にも再び、「社会のあらゆる分野において指導的地位に女性が占める割合を30％にする」という〝2020 30〟目標を提唱しました。そして2016年4月1日には、新たに「女性活躍推進法」が成立し、女性の活躍推進に向けた数値目標を盛り込んだ行動計画の査定・公表が事業主に義務付けられたのです。

ナイロビ会議から30年以上経った今も相変わらず同じ目標を掲げているのは、遅々として達成されていないからです。しかし、30年前と今日の日本経済ではずいぶん状況が異なります。かつては女性活躍の議論は、人権尊重や社会福祉的な意味合いを強く持っていましたが、現在では経済合理性に基づいたものに発展し、女性活躍推進が企業の競争力を高めてイノベーションを生む力につながるという認識が少しずつ広がりつつあります。

＊女性がＧＤＰを押し上げる

少子高齢化による労働人口の急減が、現在、女性活躍推進を促進する一つの大きな動機になっていることは確かです。また女性の労働参加率が向上すれば、経済成長が促されます。

表３‐１と図３‐１は、労働参加率の男女差の縮小によってＧＤＰが伸びることを示した試算で、表はＯＥＣＤ加盟国の比較、図は日本についての予測です。ここから、女性の労働参加がＧＤＰ成長に大きく寄与することが読み取れます。

２０３０年までに男女間の労働参加率の差が50％解消すると、日本のＧＤＰの年平均成長率が１・５％に増加するのに対して、解消しない場合は１・０％です。また一人当たりのＧＤＰは、労働参加率の男女差が解消すると１・９％増加するのに対して、解消しないと１・５％にとどまると予測されています。仮に、２０３０年までに女性の労働参加率が男性並みになれば、現状維持の場合よりＧＤＰは約20％も高くなるという試算になります。

現在政府が旗を振って進めるウーマノミクスを後押ししているのは、人口減少に対する有効な経済効果への期待なのです。

2030年までに労働参加率の男女差が100%解消した場合		
GDP (7)	1人当たりGDP (8)	増加幅: (8)−(2)
2.7	2.4	0.6
3.8	2.5	0.5
3.1	2.4	0.6
2.4	1.8	0.4
1.8	1.5	0.3
2.6	2.1	0.4
2.0	2.1	0.5
1.9	2.3	0.8
3.7	3.4	0.9
2.0	1.4	0.6
2.6	1.9	0.5
3.1	2.2	0.5

＊男女の賃金、昇進格差の解消が急務

女性の労働参加の促進を図る上で重

表3-1　GDP総額および一人当たりGDPの平均成長率予測

	男女の労働参加率が変化しない場合		2030年までに労働参加率の男女差が50%解消した場合			2030年までに労働参加率の男女差が75%解消した場合		
	GDP (1)	1人当たりGDP (2)	GDP (3)	1人当たりGDP (4)	増加幅：(4)－(2)	GDP (5)	1人当たりGDP (6)	増加幅：(6)－(2)
OECD	2.2	1.8	2.5	2.1	0.3	2.6	2.3	0.5
オーストラリア	3.3	2.0	3.5	2.2	0.2	3.7	2.4	0.4
ベルギー	2.5	1.8	2.8	2.1	0.3	2.9	2.3	0.5
カナダ	2.1	1.4	2.2	1.6	0.2	2.3	1.7	0.3
デンマーク	1.5	1.2	1.6	1.4	0.2	1.7	1.5	0.3
フランス	2.1	1.7	2.3	1.9	0.2	2.5	2.0	0.3
ドイツ	1.5	1.6	1.8	1.8	0.2	1.9	2.0	0.4
日本	1.0	1.5	1.5	1.9	0.4	1.7	2.1	0.6
韓国	2.8	2.5	3.3	3.0	0.5	3.5	3.2	0.7
ルクセンブルク	1.4	0.8	1.7	1.1	0.3	1.9	1.3	0.5
英国	2.1	1.4	2.3	1.7	0.3	2.4	1.8	0.4
米国	2.6	1.7	2.9	1.9	0.2	3.0	2.0	0.3

出典：OECD (2012), Closing the Gender Gap: Act Now, OECD Publishing, Paris.
DOI: http://dx.doi.org/10.1787/9789264179370-en
Statlink: http://dx.doi.org/10.1787/888932677419

要なのは、男女の賃金格差の解消です。
79ページ図3-2は、OECD加盟国の男女の賃金格差を表しています。日本は男女間に27%もの賃金格差があり、先進国の中で最も格差の大きい国の一つです。また、80ページ図3-3は、男女賃金格差の要因を明らかにしています。

職業選択における男女差はもちろん諸外国にもあり、それが賃金格差の一因となっている場合があります。しかし日本の場合、学歴や職務内容が同じでも、職場における「機会」が男女で平等に与えられないために、個人の能力にかかわらず男女賃金格差が生じて

図3-1　日本の男女の労働参加率の差とGDPの見通し

（1人当たりのGDPの推移予測）

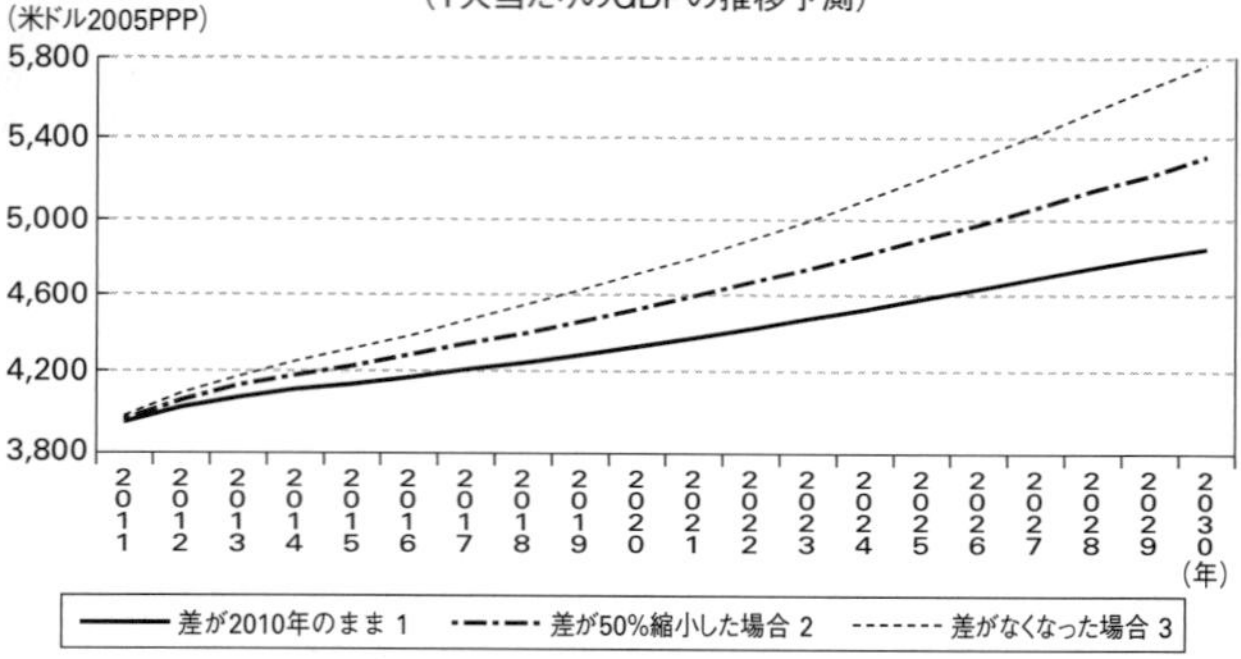

注：労働力の予測値は、15歳以上の人口予測に基づいている。
1. 男女間の労働参加率の差が2010年の水準に留まった場合。
2. 男女間の労働参加率の差が2010年の水準から、女性の労働参加の安定的な伸びによって2030年までに50%縮小された場合。
3. 男女間の労働参加率の差が2010年の水準から、女性の労働参加の安定的な伸びによって2030年までに完全に解消された場合。したがって、この予測では、女性の労働参加率が2030年までに男性と同じ水準に達し、男女格差が存在していないことになる。

出典：OECD (2012), Closing the Gender Gap: Act Now, OECD Publishing, Paris.
DOI: http://dx.doi.org/10.1787/9789264179370-en

Statlink: http://dx.doi.org/10.1787/888932675291

いるという問題が指摘されています。

同じ内容の仕事に対して賃金格差が生じている問題は、正規・非正規という枠組みで見るとより顕著ですが、正規社員のみの比較においても、性別間の格差は明確に指摘されます。この問題を解決しなければ、女性の社会進出を抜本的に改善することはより困難です。

＊女性活用とイノベーション

労働者としての女性の活躍と同様に、あるいはそれ以上に重要なのは、創造者としての女性の活躍

図3-2　男女賃金格差

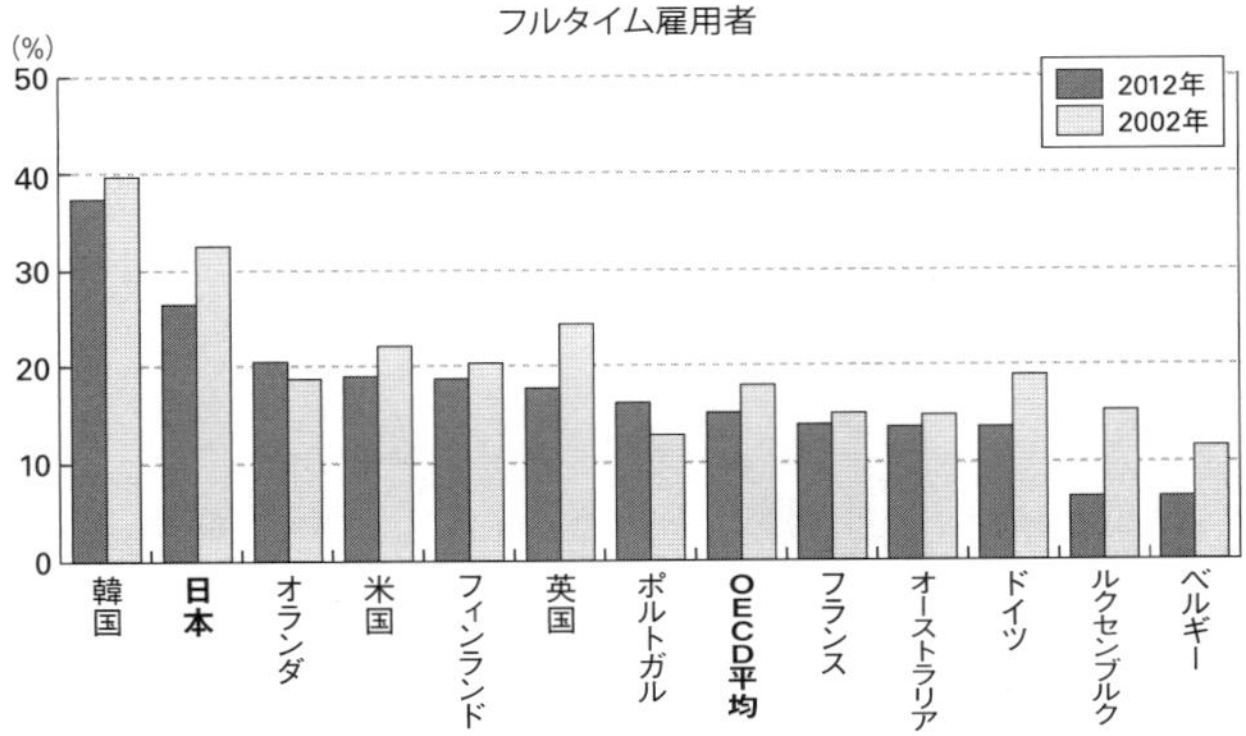

注：男女賃金格差は、男女の賃金中位数の差を男性の賃金中位数に占める割合として計算したもので、未調整のデータである。2002年とされているデータについては、チリは2000年、アイルランドは2003年、ギリシャ、アイスランド、ポルトガル、スペインは2004年、メキシコは2005年のデータである。また2012年とされているデータについては、エストニア、フランス、ルクセンブルク、オランダ、スイスは2010年、チリ、アイスランド、イスラエルは2011年である。
OECD平均は、このグラフに載っている国々の非加重平均である。

出典：OECD (2013), How's Life? 2013: Measuring Well-being, OECD Publishing, Paris.
DOI: http://dx.doi.org/10.1787/9789264201392-en
Statlink: http://dx.doi.org/10.1787/888932888794

です。

多様化が進む世界経済の中で競争していくために日本企業に必要不可欠なのは、イノベーションを創造する環境です。量だけでなく質の面でも女性からのインプットを増やすことで、意外性のあるアイデアが創造されたり、画一的な発想からの転換が可能になったりするのです。

クレディ・スイス銀行では、女性取締役のいる企業のほうが、いない企業に比べて業績が良くなるなど、経営にプラスの効果が出るという調査を発表しています（注

図3-3　男女賃金格差の要因

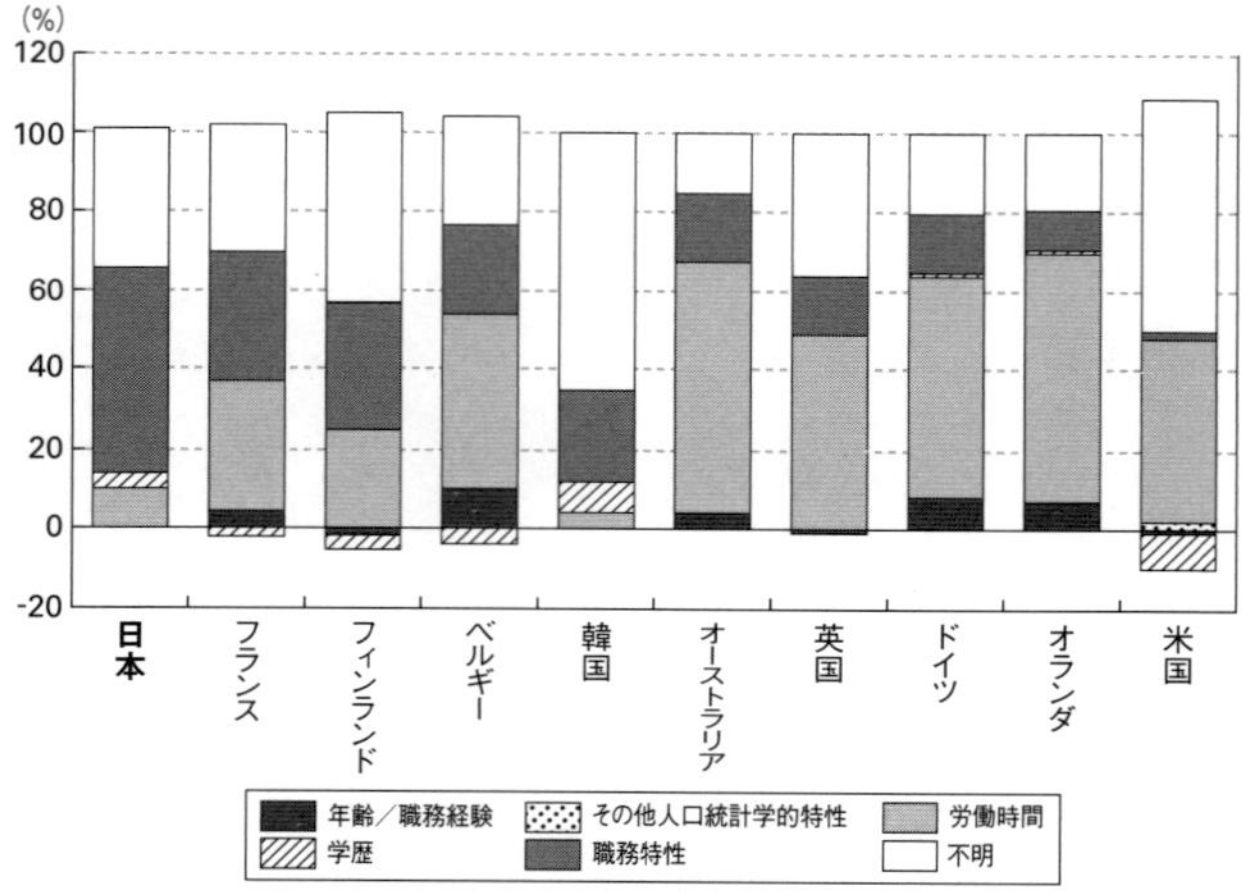

注：左から順に、男女賃金格差の要因について職務特性の割合が高い国。

出典：OECD (2012), Closing the Gender Gap: Act Now, OECD Publishing, Paris.
DOI: http://dx.doi.org/10.1787/9789264179370-en
Statlink: http://dx.doi.org/10.1787/888932676165

1)。外国企業には、女性活躍推進を経営の中枢に位置づけているところが多くあります。それは、女性幹部を登用し、男性と異なる視点を経営戦略に反映させていくことが、企業の競争力に直結すると考えているからです。日本でも同じ理由から女性幹部を増やす企業が出てきてはいますが、他の国々と比べるとかなり出遅れています。

女性特有の視点が商機につながるという現象は、様々な産業で起こりえます。特に小売業では消費者に占める女性の割合が高いため、女性の視点を経営戦略に充分反映できるかどうかが競争力を左右すると言えます。

私の身近なところにその好例があります。私の母は、専業主婦として5人の子どもを育て上げたあと、48歳でドラッグストアを起業しました。ゼロから始めたビジネスはその後20年で年商約200億円程度まで伸び、山陰地方でトップクラスの小売業に成長したのです。この会社の成功の鍵は、経営者が女性であり、主婦であるという点にありました。ドラッグストアの買い物客は、そのほとんどが女性であるにもかかわらず、競合他社の経営陣には女性は皆無、商品戦略はメーカーの言いなりでした。それに対して私の母は、消費者の潜在需要を掘り起こすための戦略を女性の視点で考えたのです。経営幹部にも多様な人材を登用し、消費者のニーズの多様化に対応できる体制を構築しました。

これは中小企業の例ですが、企業規模や業種にかかわらず、女性からのインプットを量だけでなく質の面でも活用することで、イノベーションを創造しやすい環境をつくることは可能なはずです。といっても女性だけがイノベーションを生むということではなく、異質の要素を取り入れることが、化学反応を起こしやすい環境をつくることにつながるのです。異質の要素を柔軟に取り入れられる職場には、外国人など、さらに異なるバックグラウンドを持つ人材が活躍しやすい雰囲気も生まれます。多様性を受け入れ、様々な視点を経営に取り入れる好循環をつくる最初のステップが、女性活用なのかもしれません。

（注1）参考文献：Credit Suisse (2014) The CS Gender 3000: Women in Senior Management, CREDIT SUISSE AG Research Institute; https://publications.credit-suisse.com/tasks/render/file/index.cfm?fileid=8128F3C0-99BC-22E6-838E2A5B1E4366DF

＊日本の女性の実力と意欲

さて、ここで日本人女性の能力を国際比較統計から見てみましょう。

図3-4は、第1章でも引用したPIAACを女性のみで比較したものです。日本人女性は、すべての調査対象国の女性の中で、読解力と数的思考力の両方で最高点を得ています。このように世界のトップレベルの能力を持った日本人女性ですが、大学卒業者の就業率は先進国でも最低レベルにとどまっています（84ページ、図3-5）。

PISAの統計の中には、学力調査のみならず、仕事に対する意識の調査も含まれています。それによると、15歳の時点で、将来マネージャーやプロフェッショナルになりたいと考える生徒は、男子より女子のほうが多い国が少なくないことがわかります。日本に関しても、15歳の生徒のキャリア志向に男女差はありません（85ページ、図3-6）。厚生労働省が行う若者の意識に関する調査を見ても、仕事への意欲には全体的に男女の違いがないことが表

図 3 - 4　成人女性の読解力と数的思考力

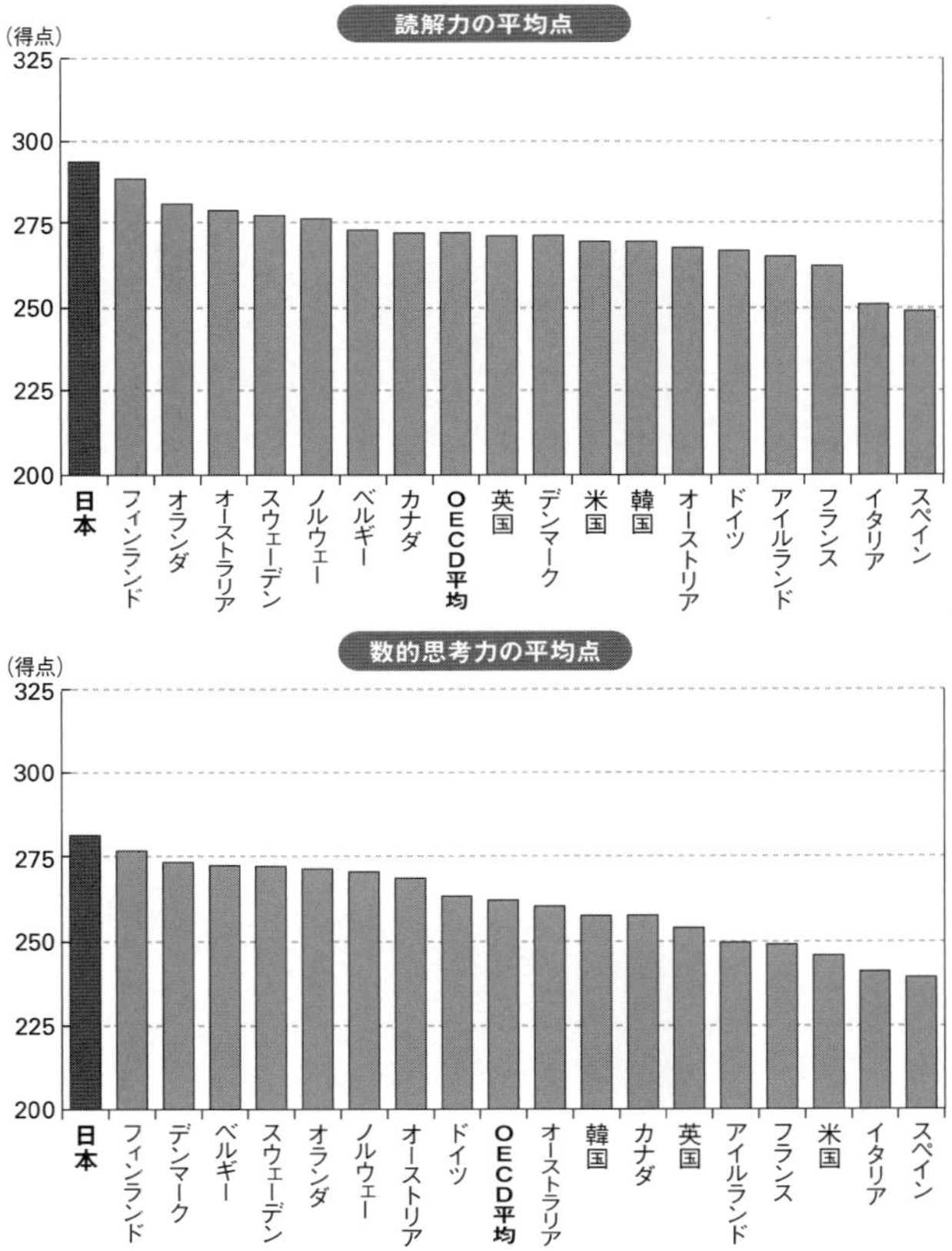

注：1. イギリスはイングランドと北アイルランドを含む。
　　2. ベルギーはフランドルを含む。

出典：OECD (2013), OECD Skills Outlook 2013: First Results from the Survey of Adult Skills, OECD Publishing, Paris, Figure 3.4 (N) Gender differences in numeracy proficiency
DOI: http://dx.doi.org/10.1787/9789264204256-en

Statlink: http://dx.doi.org/10.1787/888932900878

図3-5　大学卒業者の就業率の男女差

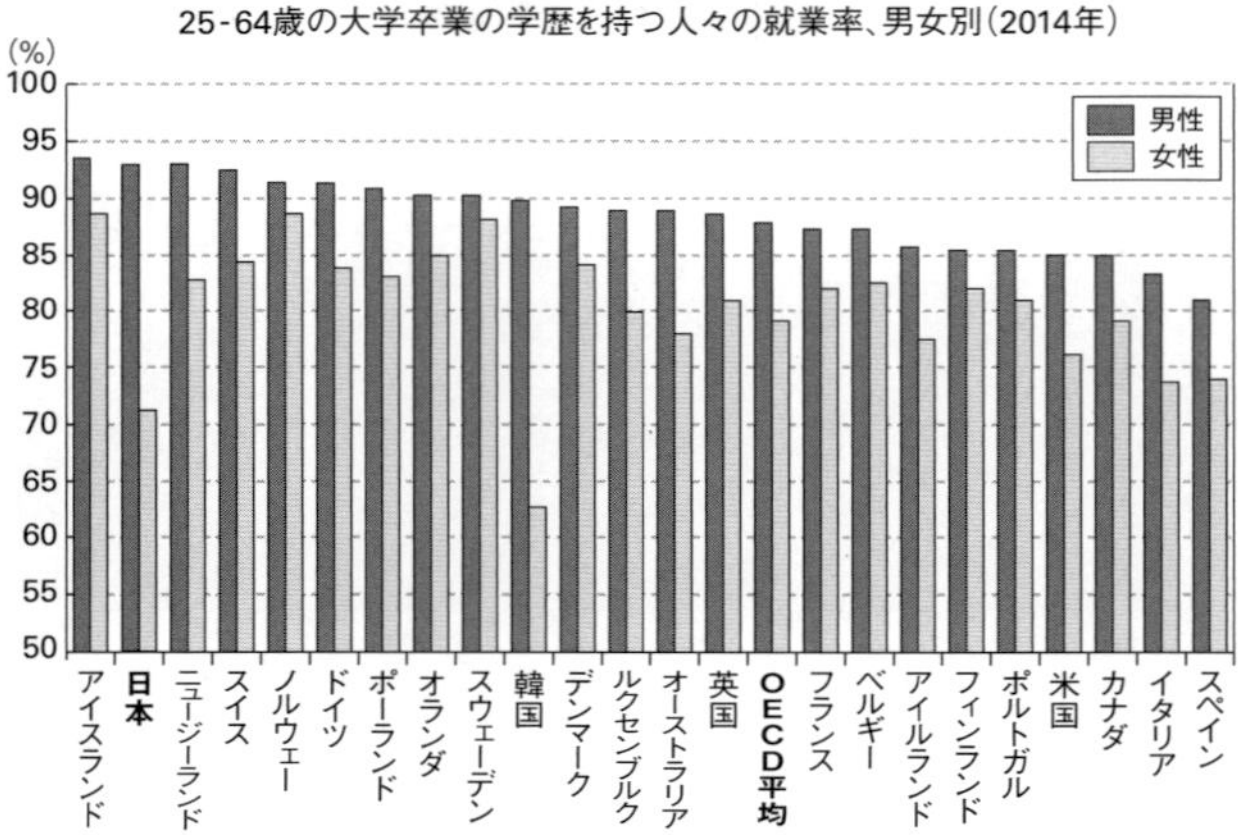

注：男性の就業率が高い国から順に並んでいる。
出典：OECD (2015), Education at a Glance 2015: OECD Indicators, OECD Publishing, Paris.
DOI: http://dx.doi.org/10.1787/eag-2015-en
Statlink: http://dx.doi.org/10.1787/888933283861

れています。むしろ20代半ばまでは、男性より女性のほうが仕事への強い意欲を持っていることがわかります（86ページ、図3-7）。しかし、20代後半から30代になると、女性の仕事への意欲が低下し始めます。

　高い能力と強いキャリア志向を持った日本人女性が仕事から離れていく理由を示唆した統計があります（87ページ、図3-8）。これは、女性が働くことに対する差別的態度と女性の就業率との相関を示したものですが、日本では女性より男性のほうが優先的に職を与えられるべきだと考える人が多く、その社会環境が、女性の低い就業率の

図3-6　将来マネージャーやプロフェッショナルになりたいと考える生徒の割合、男女別

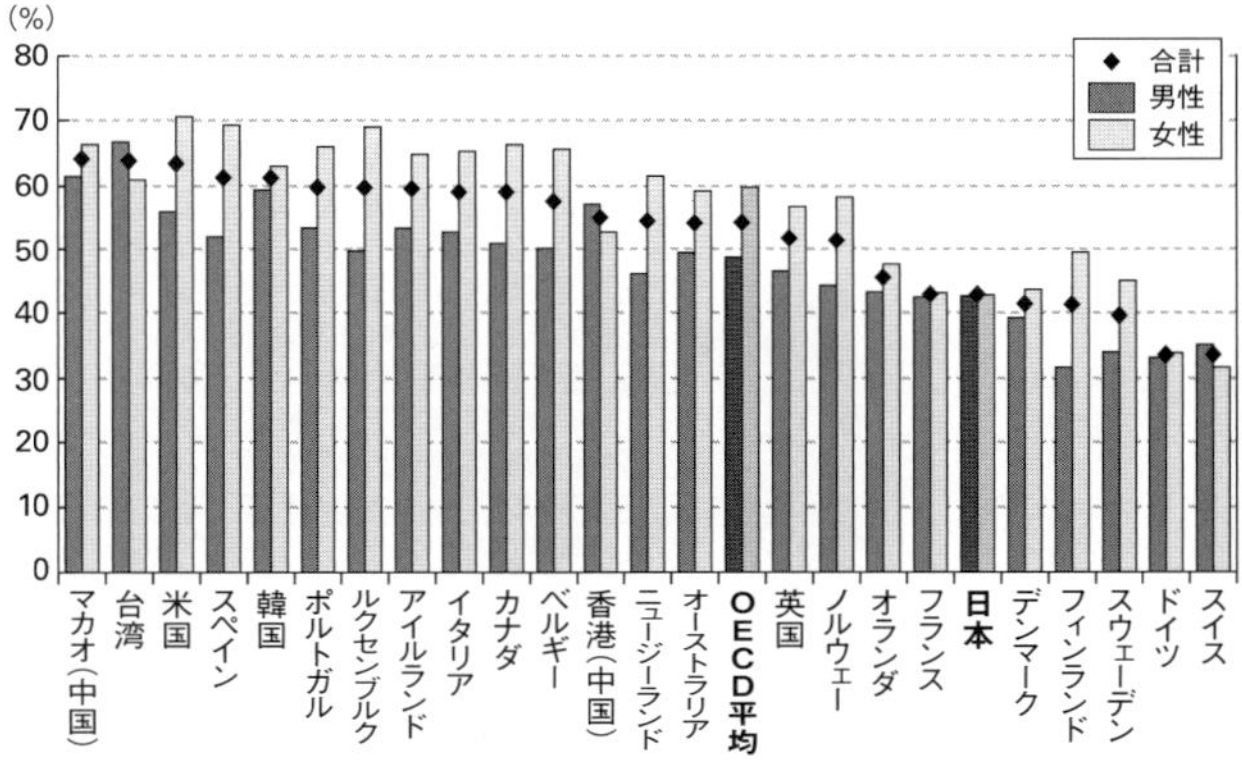

注：ILOのISOCO88でmajor occupational groups 1と2に分類される職業に30歳までにつきたいと考えている生徒の割合。全生徒の値が大きい国・地域から順に並べている。
http://www.ilo.org/public/english/bureau/stat/isco/isco88/publ4.htm
出典：OECD (2015), The ABC of Gender Equality in Education: Aptitude, Behaviour, Confidence, OECD Publishing, Paris.
DOI: http://dx.doi.org/10.1787/9789264229945-en
Statlink: https://www.oecd.org/pisa/keyfindings/PISA2012_Gender_Ch4_Fig_ENG.xlsx

要因の一つとなっていると考えられます。

日本には、多くの女性が男性並みの実力と意欲を持っているにもかかわらず「男性より女性の能力が劣っている」と考える人が少なからず存在し、男尊女卑的な企業文化が残っていることは否定できません。女性の中にも、「自分は女だから男性ほどは仕事ができない」と、自分自身に暗示をかけてしまっている人はいないでしょうか。成長過程でそのような固定観念や先入観をすり込まれてきたとしたら、これらの客観的なデータ

図３-７　仕事への意欲（全体）

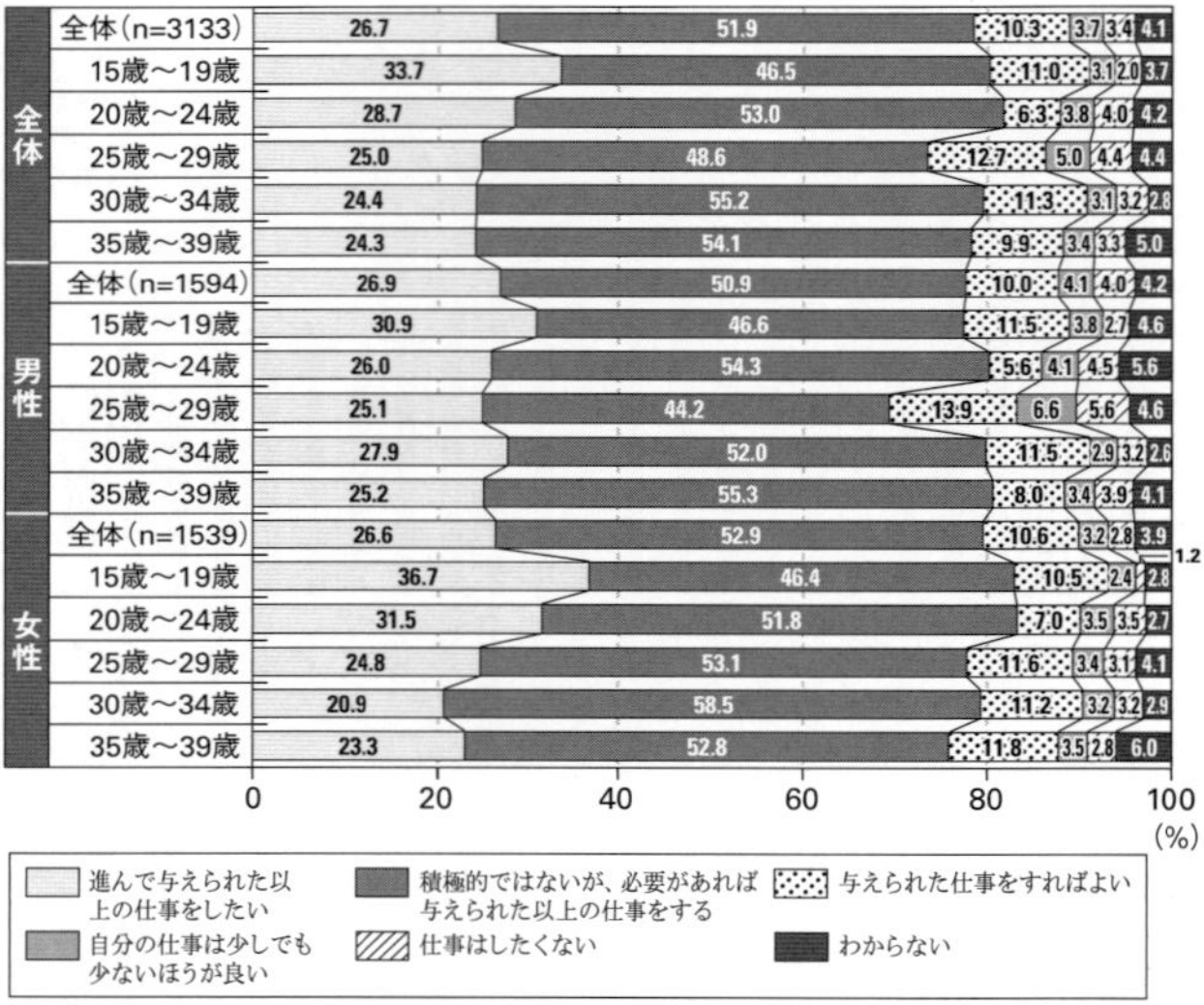

出典：厚生労働省（2013），「若者の意識に関する調査」
http://www.mhlw.go.jp/file/04-Houdouhappyou-12605000-Seisakutoukatsukan-Seisakuhyoukakanshitsu/0000022199.pdf

から性別に基づく先天的な能力差などないということに気づいていただきたいです。そして最も重要なのは、自分の能力に自信を持つことです。

＊リケ女を増やすには

様々な調査から、天性的な性別に基づいた知的能力に大差はないことが明らかになっていると同時に、家庭や社会環境の違いから、能力の伸び方には男女それぞれの特徴が現れています。例えば、15歳を対象にした「学習到達度調査（ＰＩＳＡ）」で

図3-8　差別的態度と女性の就業率との関連性

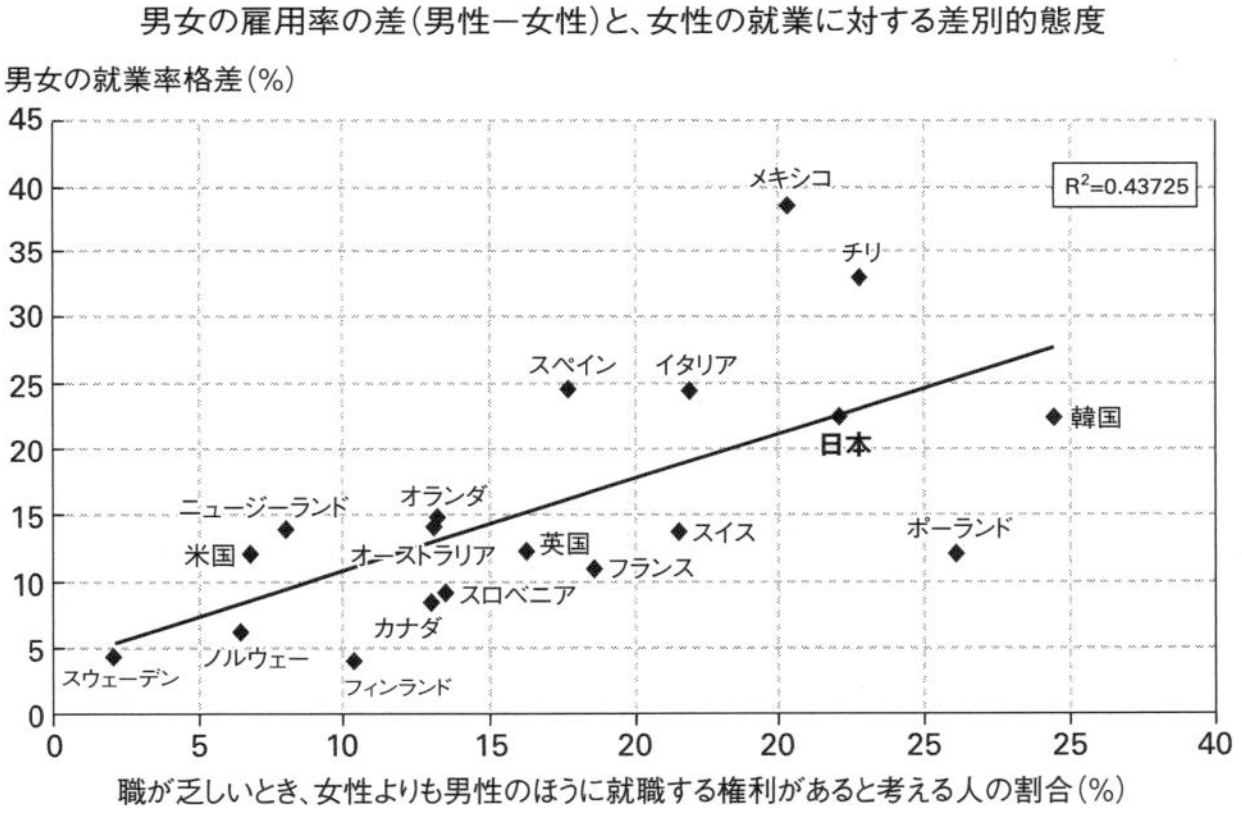

出典：OECD（2012），Closing the Gender Gap: Act Now, OECD Publishing, Paris.
DOI: http://dx.doi.org/10.1787/9789264179370-en
Statlink: http://dx.doi.org/10.1787/888932675310

は、読解力においては女子生徒のほうが、数学力においては男子生徒のほうがより高い得点を出しています。特に数学の成績上位者には、男女間の差が顕著に現れます（88ページ、図3-9）。

興味深いのは、数学と科学の成績にほとんど差がない男子生徒と女子生徒に、自分の数学と科学の能力に自信があるか訊ねると、女子生徒のほうが男子生徒よりも自信がないと答えたという結果がいくつかの研究で出ていることです。図3-10もPISAの結果ですが、別の研究では、同様の傾向がすでに小学1年生でも見られることが明らかにされています。

女子生徒のこうした自信のなさの大き

図3-9　数学の成績の男女差－PISA2012

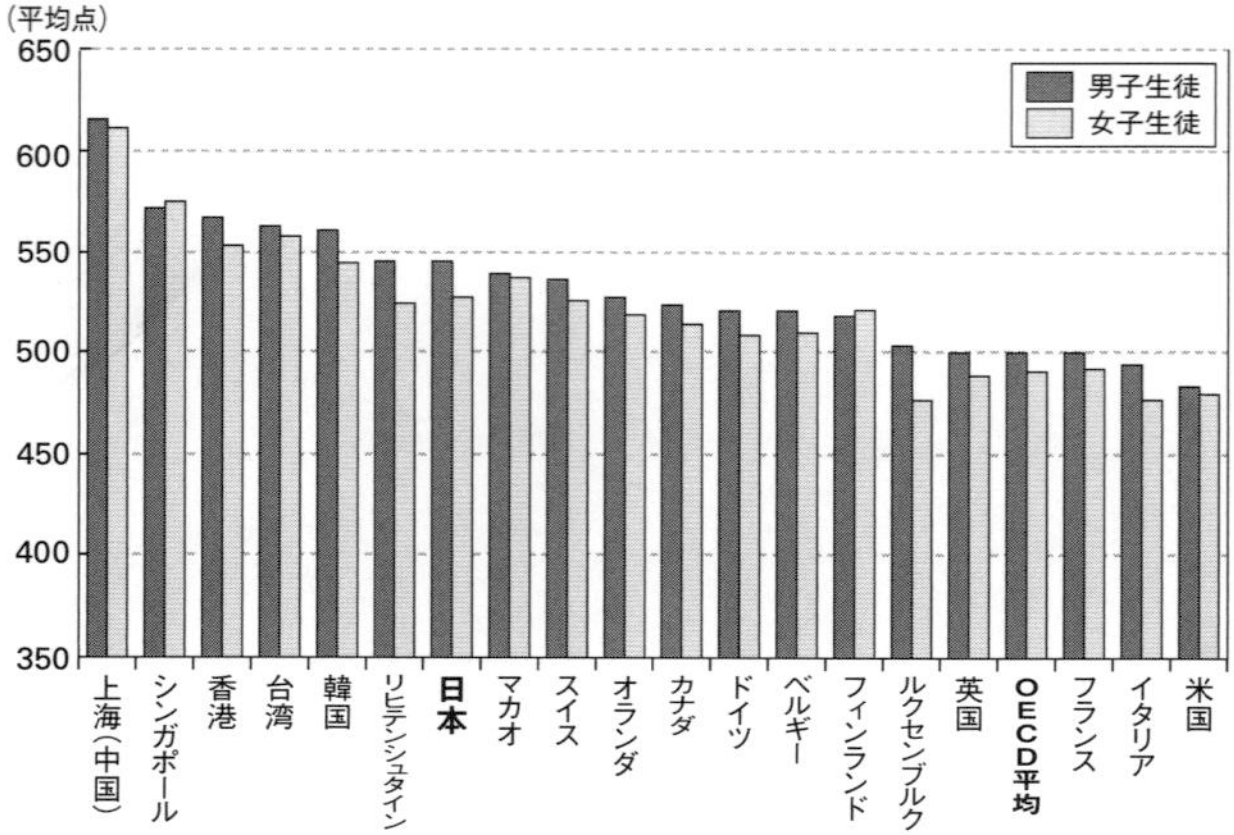

出典：OECD, PISA2012 Database, Table 1.3a

な要因として考えられるのが、生徒を取り巻く外部環境です。つまり家庭でも学校でも、男子生徒は理数系をよく勉強するよう奨励され、自信を与えられるため、テストの成績にも良い影響が出ることが観察されています。

このような自己肯定心や自信の有無は、学校での科目やコースの選択、ひいてはその後の進路決定にも影響を与えます。仮に理数系の能力が高い女子生徒でも、自信を持てないがために理数系の科目を選択せず、学習する時間が男子生徒よりも少なくなってしまえば、彼らが大人になる頃には、必然的に男女間に能力の開きが出てしまいます。実際、16〜65歳の成人を対象にしたPIAACの調査では、男女の数学力の差が15歳時より拡大している

図3-10　科学と数学に対する自己概念の男女差

それぞれの問いに「大いに賛成する」または「賛成する」と答えた生徒の割合

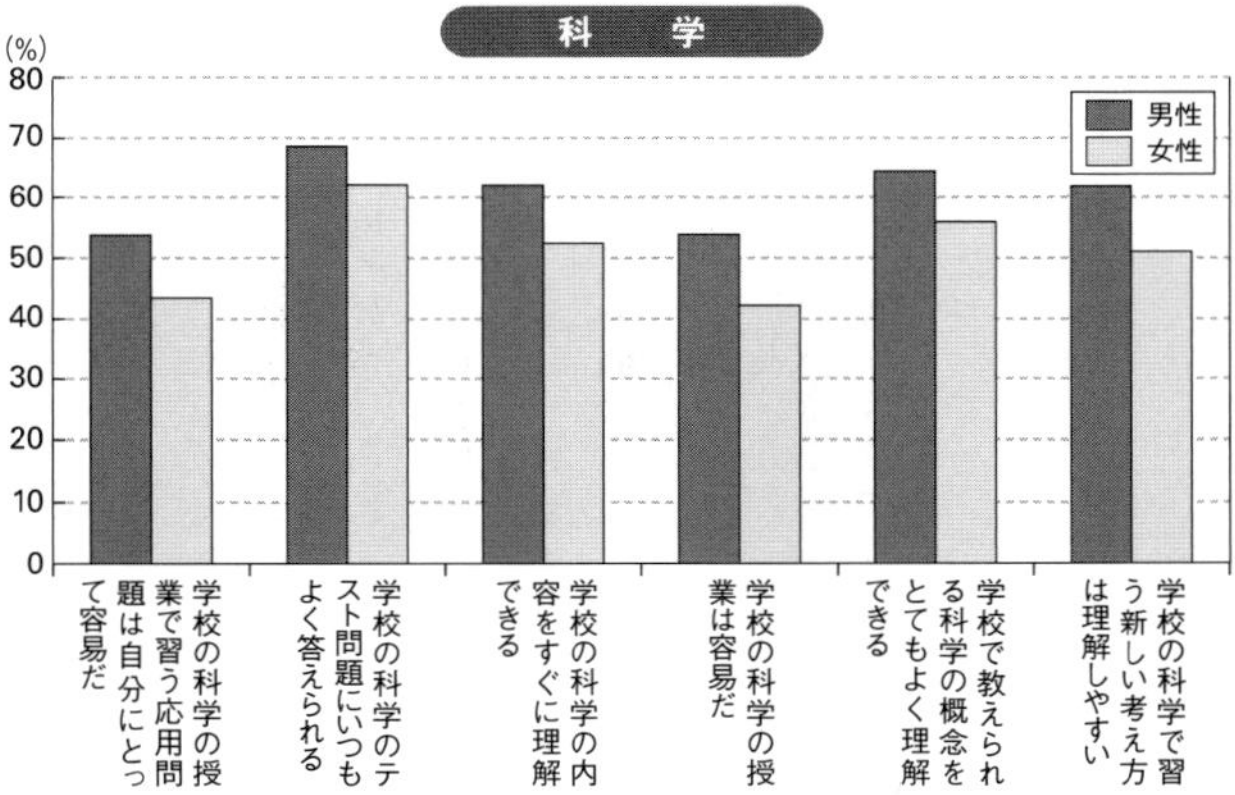

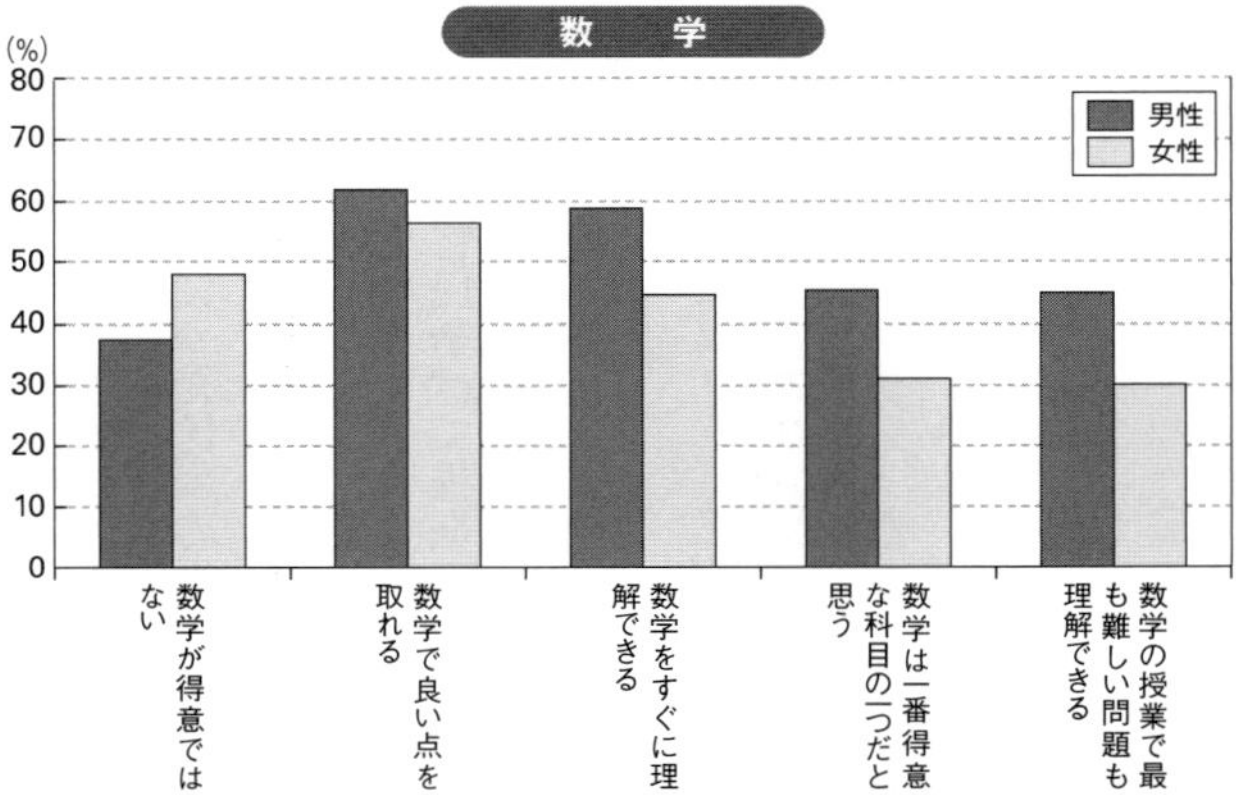

注：男女差はすべて統計的に有意である。

出典：OECD, PISA 2006 Database, Table 3.3a, Table 3.4a.

ことがわかります。

多くの家庭において男女のバイアスがかかった育児が行われていることが推測できる調査もあります。ＰＩＳＡによると、6歳以前にコンピュータを使った比率の男女差は多くの国において存在し、幼児期から男児のほうが、多くの女児よりコンピュータなどの「機械遊び」を親から積極的にさせられていることが観察されています。

日本では、より多くの女性が理数系の職業に就くよう、官民挙げて推進・支援しています。いわゆる「リケ女」を増やすために最も重要なのは、幼児期からの家庭環境や学校、社会環境すべてにおいて、男女のバイアスにもとづいた固定観念を取り払うことでしょう。女性が自信を持って能力を発揮できる社会環境を促進することが、「リケ女」を増やす近道なのです。そのためには、親や教師が子どもに男女差を強調するバイアスのかかった言葉をかけたり、行動をとらないよう注意する必要があるでしょう。そしてメディアなど、子どもたちが影響を受ける媒体においても、男女のバイアスを最大限除外することが重要です。

＊Ｍ字カーブに見る日本の損失

さて、数的理解力は女性より男性、読解力は男性より女性のほうが若干得意だという傾向

図3-11　女性の労働参加率の推移（1985-2014年）

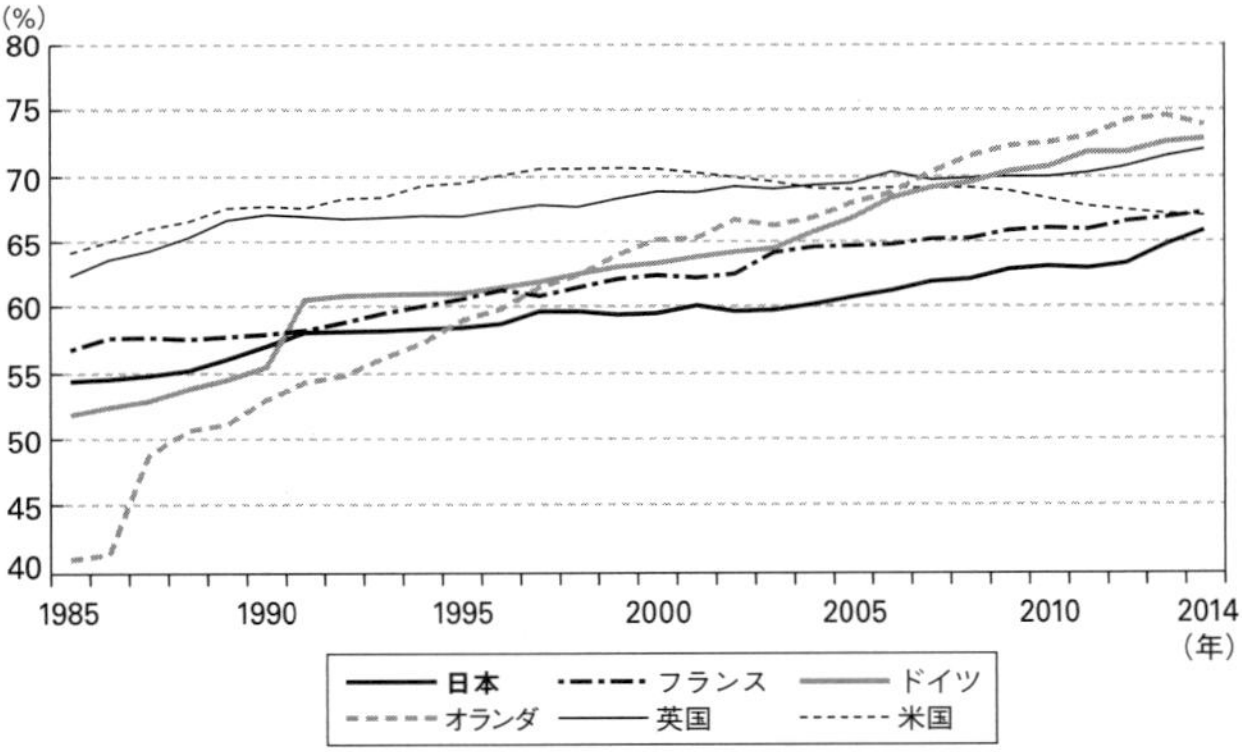

出典：OECD (2016), "Labour Market Statistics: Labour force statistics by sex and age: indicators",OECD Employment and Labour Market Statistics (database).
DOI: http://dx.doi.org/10.1787/data-00310-en（2016年6月28日抽出）

はありますが、全体的には男女間の学力の差はほとんどないことがわかりました。しかし周知のとおり、女性の能力は充分に活かされていないのが現状です。

まず、女性の労働参加率を諸外国と比較してみましょう。図3-11は、女性の労働参加率が過去30年でどのように変化してきたかを示しています。１９８０年代の日本の女性労働参加率は50％台でしたが、徐々に上昇し、現在では他の欧米諸国に近づいてきています。女性の労働参加率がさらに上がって男性と同レベルになれば、経済の潜在成長力が大幅に押し上げられるという仮説については、本章の最初に述べたとおりです。女性の労働参加が増えて日本の労働総投入量に貢献することが、人口減少が続く日本では特に重要です。

大学卒業直後の女性の就職率はほぼ男性と同レベルですが、20代後半から30代にかけて離職する女性が多いのが、日本の特徴です。

労働参加率と年齢の関係を示したのが図3-12です。■のついた線が男性、□が女性の参加率です。日本の場合、20代後半から30代にかけて曲線のくぼみが深くなっており、この年代の女性が主に結婚・出産を理由に離職する傾向があることを示しています。さらに、育児が一段落すると思われる40代で就業率が上がっており、この時期に社会復帰する人が多いことがわかります。他の国でも、同じ年代で女性の就業率が若干下がる傾向が見られますが、日本ほど大幅に下がる国は多くはありません。このグラフでは、再就職後の雇用が正規か非正規かという違いまで提示されていませんが、実のところ、女性の再就職で正規雇用の仕事を見つけるのは難しいのが現状です。

結婚、出産を機に仕事を辞め、育児に専念したいという女性もいるでしょう。私はそれを否定してすべての女性が外で働き続けるべきだ、と主張しているわけではありません。子育てはクリエイティブな仕事であり、そこに喜びを見いだすというのも一つの生き方として尊重されるべきです。しかし、社会で働く能力と意欲を持つ多くの女性が、育児と仕事の両立

図 3 - 12　主要諸国の労働者の年齢と労働参加率との関係（Mカーブ）、2013年

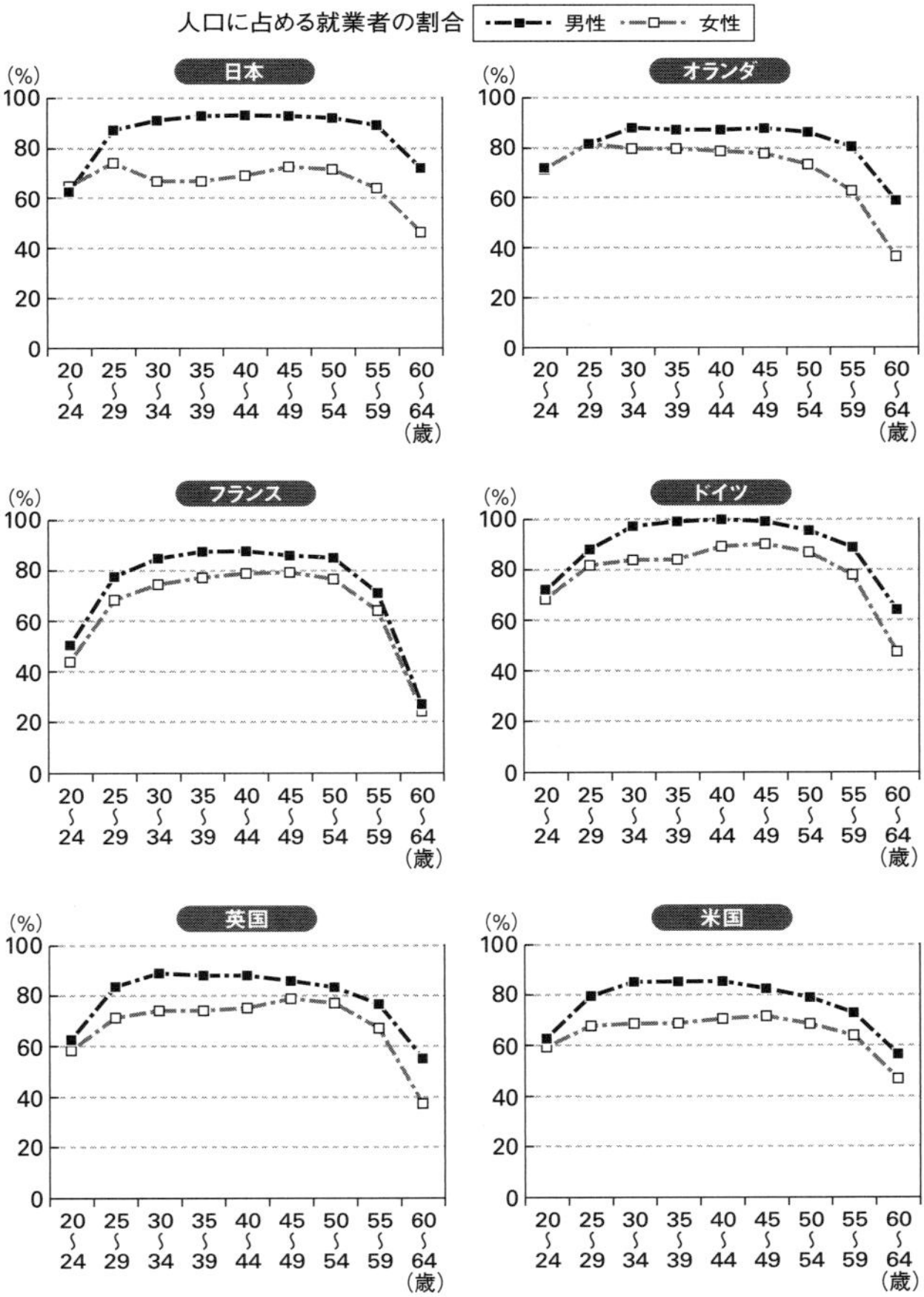

出典：OECD Employment Database 2014, http://www.oecd.org/employment/emp/onlineoecdemploymentdatabase.htm;
OECD Family database, www.oecd.org/social/family/database

を望みながらも、社会環境がそれを許さないためにやむをえず離職してしまうのは、本人にとっても日本社会にとっても大きな損失です。

近年、日本でも「ソーシャル・インクルージョン(social inclusion)」や「インクルーシブ・ソサエティ(inclusive society)」といった言葉をメディアなどで目にするようになりました。「社会的包容力」「包摂的社会」などと訳されています。一般の人と同等に働くことが難しい人でも、少しの手助けがあれば社会の一員として持てる能力を発揮できる人たちがいます。そうした人たちに対して寛容な社会をめざそうという考えです。女性が働く環境にも、こうした視点が必要です。子どもを持っても仕事を続けて収入を得られる女性が増えれば、彼女たち一人ひとりの消費が経済的恩恵につながっていくのです。

＊生涯賃金で考えるキャリア断絶のコスト

出産を機にいったん退職して、育児が一段落したらまたパートタイムで働けばいい、と考える女性は多いでしょう。そこで、育児期間のブランクが生涯賃金にどのくらい影響を及ぼすのかを考えてみましょう。

男性の場合、大学を22歳で卒業したのちに、ある企業に就職したとします。そのまま60歳くらいまで働くとすると、約40年間働くことになります。初任給が15万円程度だったとしても、同じ会社で働き続ければ年功序列で徐々に給料が増えていきます。取締役まで昇進できれば、さらに給料は増えます。最後の数年は関連子会社などに出向して、給与額は減るかもしれませんが、会社に所属している間はずっと収入があります。生涯年収にすると退職金を除いて約2億6196万円になります（参考文献：厚生労働省「平成27年賃金構造基本統計調査」より「標準労働者第1表　標準労働者の年齢各歳別所定内給与額及び年間賞与その他特別給与額」）。

女性の場合、卒業後に就職し、初任給は男性と同じ条件と仮定します。その後、30歳くらいまでに結婚、出産して退職、子どもが小学校に上がるまで6年間程度育児に専念し、36歳くらいで仕事に復帰したいと考えたとします。このようなブランクがある女性は、日本では非正規雇用の仕事しか見つけられない場合が多いのが現状です。

男性と同じ教育を受け、出産退職までは男性同僚と同じ職務を果たしていた女性でも、このブランクのために正規社員としての再就職のハードルが極めて高くなります。それでも、非正規社員で再就職し、60歳まで働くとすると、合計32年間働くことになります。月収が15万円程度でボーナスも退職金もなく、36歳から60歳まで働いた場合、出産前の数年分とあわせても生涯年収は7600万円程度。問題となっている配偶者控除を考慮して年収を抑えたならば、さらに生涯年収は少なくなります。

女性が出産後も退職せず、子どもを保育園に預けて働き続けた場合には、保育費の支払いを収入から差し引いて考える必要があります。保育園の費用は親の収入によって、また認可/無認可によって異なりますが、ここでは認可保育園として、3歳未満の子どもは1か月に3万円、3歳以上になると1万円になるとします。これは毎月の最低限の費用であって、その他に保育園の行事の参加費などもかかるでしょう。また、子どもが病気になると病児保育サービスの利用でさらに費用がかかりますし、夕方のお迎えの時間に間に合わなければ延長保育料が発生します。そうなると、女性の場合は、給与の大部分が育児にかかる費用に消えていくことになるかもしれません。このキャッシュフローだけ考えると、例えば月給20万円程度の母親が、保育園その他の子育て費用に毎月10万円以上かかるようでは苦労して働き続ける意味がない――と思ってしまうのも無理はないかもしれません。

しかしここで、将来のキャッシュフローを現在価値に置き換えてみると、この時期に母親の収入の大部分が保育園料やベビーシッター費用などに使われたとしても、長期的にはその見返りがあるということがわかります。正社員として企業で働き続ければ、たとえ男女の賃金差があったとしても、大卒女性なら生涯年収は、退職金を除いて2億2695万円程度になります。転職したとしても正社員として働き続けられれば、一度退職したのちに非正規として再就職した人よりも、生涯年収は3倍近くになるわけです。

これは、現在の日本の男女の収入を比較したものなので、男女間に賃金、昇進格差が存在していることを前提としています。今後、このような前近代的な格差が解消されれば、女性の生涯年収はもっと高くなります。

また、ここでは伝統的な終身雇用や年功序列の人事体制をとっている典型的な会社を例にしましたが、最近は成果主義に移行している会社も増えつつあります。そうした企業では、男女を問わず正規社員だからということで勤続年数とともに昇給が保証されるわけではありません。それは見方を変えると、働き続けられる男性に有利なわけではなく、有能な女性ならブランクがあっても同等の機会が与えられるということになります。

この場合、女性の側にもキャリアアップのために相応の努力をし続けることが求められます。特に、育休などのブランクを最小限にとどめ、その間も絶えず仕事のスキルアップに努めることが大切です。職場を離れたことで必要とされるスキルを失っては、同じ会社で働き続けることも、再就職も難しいことに変わりはないのですから、決して甘くはありません。

図3-13　16歳未満の子どもの有無別による男女賃金格差（25-44歳）

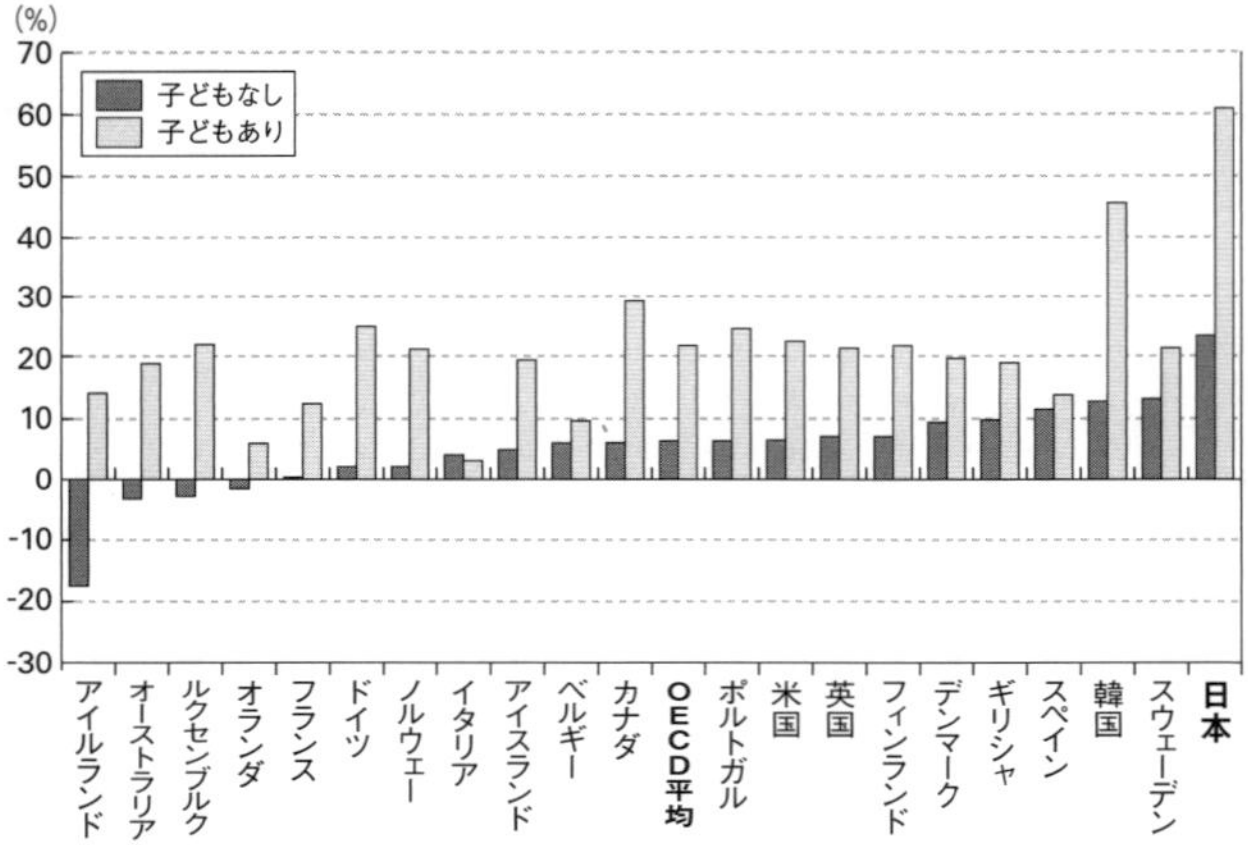

注：賃金格差は、男性と女性の賃金中央値の差を男性の賃金中央値で除した値。フルタイム就業者の賃金格差を算出。

出典：OECD (2012), Closing the Gender Gap: Act Now, OECD Publishing, Paris.
DOI: http://dx.doi.org/10.1787/9789264179370-en
Statlink: http://dx.doi.org/10.1787/888932676127

結婚・出産を希望している若い女性は、自分の人生を長い目で見て、生き方、自己実現の方法、経済的メリットを総合的に考える必要があります。もちろん、非正規から正規の雇用形態の転換が容易になるなど、労働市場が流動的になることが理想です。しかしその実現には時間がかかる可能性があります。現状をしっかり見据えた上で、ライフプランを長期的に考えることが重要です。

＊賃金格差が貧困を生む

近年深刻な社会問題として取り上げられている貧困問題の解決には、

男女賃金格差の解消が有効な手立てになります。

図３‐13は、子どもの有無を考慮した男女の賃金格差を表したもので、前述の子どもを考慮しない賃金格差（79ページ図３‐２、日本は27％）をさらに上回る、衝撃的な格差が明らかになっています。

日本では、16歳未満の子どもを持つ男女の賃金格差は61％で、世界最大です。子どもを育てながら働く女性にとって、日本は待遇において世界最悪レベルと言えます。私も３人の子どもを育てていますが、もしこのような格差を出産前に目の当たりにしたら、子どもを持つことを躊躇《ちゅうちょ》していたかもしれません。

それでも夫婦共働きであれば、男女の賃金格差は今日や明日の貧困に直結するものではないかもしれません。しかし離婚だけでなく、夫が亡くなったり病気などで働けなくなったりすれば、妻が家計を支えることになりますが、一家の収入が夫にのみにかかっていると、そういう状況に直面したときに、一気に貧困状態に陥る恐れがあります。

日本はこれまで、諸外国と比較して貧富の差が少ないと考えられてきました。しかし近年、日本における貧富の格差、特に女性や子どもの貧困といった問題は深刻化しています。図３‐14は、子どもがいる夫婦の世帯の可処分所得を、子どもがいない夫婦の世帯のそれと比較

図3-14　働き手が1人の世帯と共働き世帯の所得比較

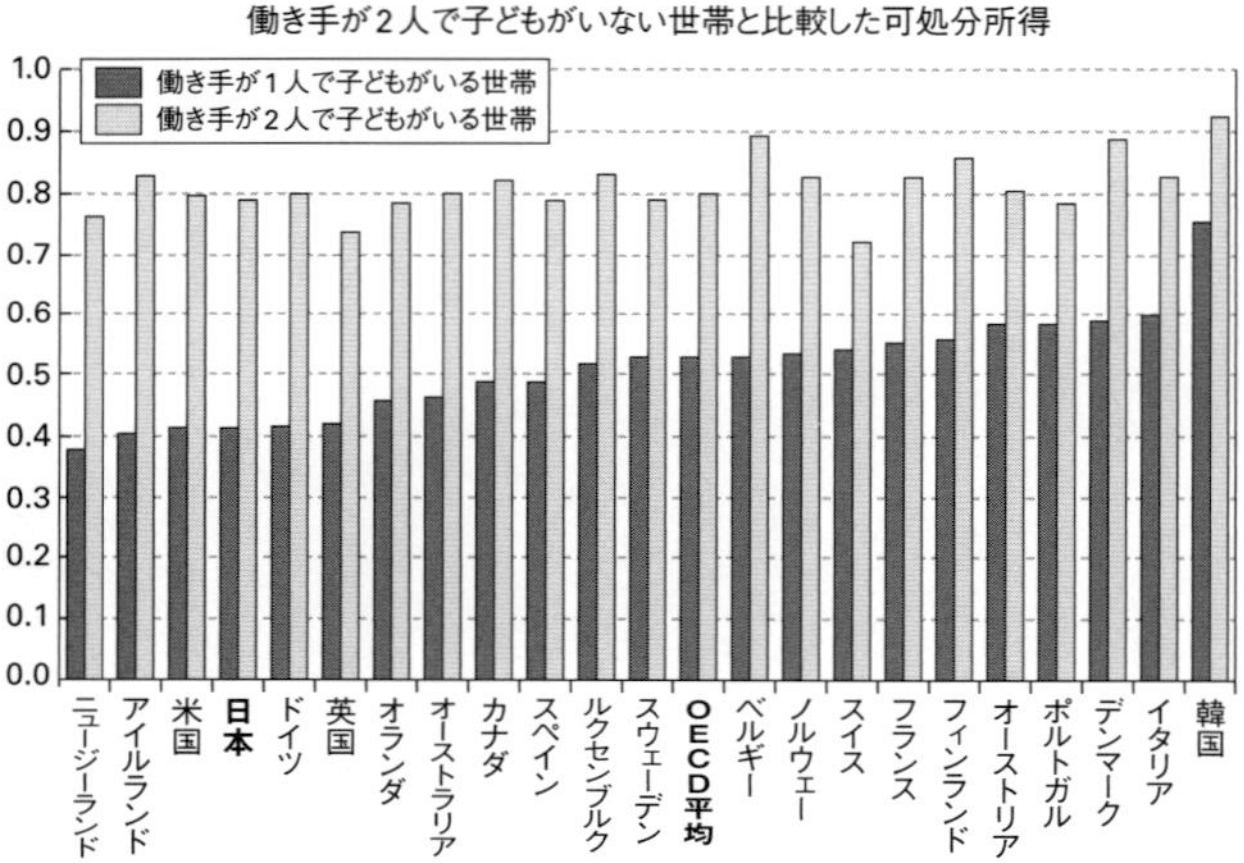

注：日本、ニュージーランド、スイスのデータは2009年。
出典：OECD Income distribution database v June 2014.

したグラフです。子どもありで働き手が二人いる世帯の可処分所得は、子どもがいない夫婦の約80%、子どもありで働き手が一人の世帯の所得では42%にまで落ち込みます。

また、図3-15は人口全体と子どもの貧困率を表しています。世帯の可処分所得相当が、人口全体の所得の中位数の50%未満の世帯で暮らす0~17歳の子どもの割合を示していますが、ほとんどの国で、子どもの貧困率は国全体の貧困率より高くなっています。

子どもの貧困率が比較的低い北欧諸国では、育児サービスへの家計支出に対して、他の国よりも多く投資をしています。

図3-15　貧困率

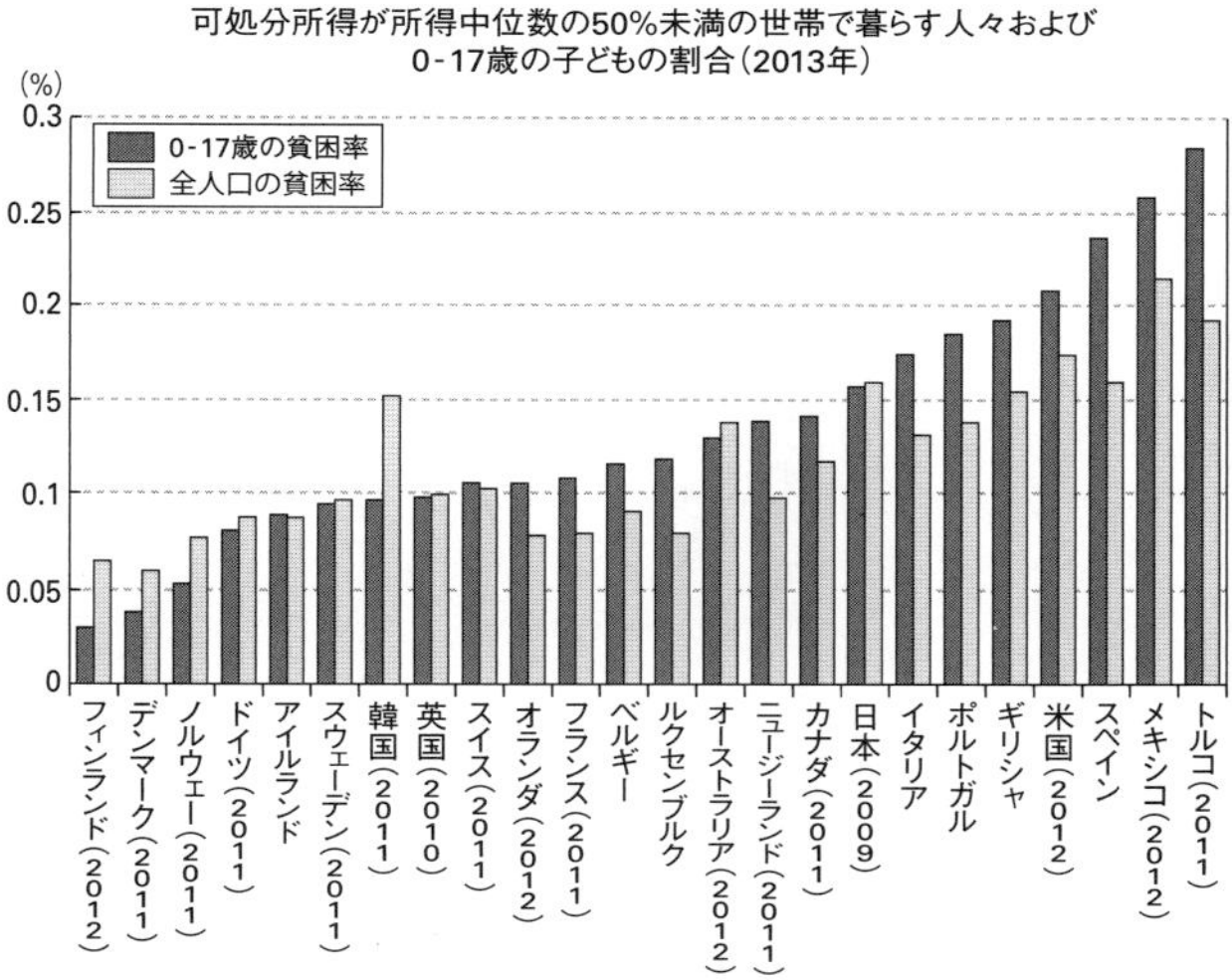

注：子どもの貧困率が低い方から順に並べている

出典：OECD (2016), "Income distribution", OECD Social and Welfare Statistics (database). DOI: http://dx.doi.org/10.1787/data-00654-en (2016年7月26日抽出)

これは家族向けの政策において、雇用支援や共働き支援といった形態の子育て支援サービスが、現金での所得助成よりも優先されてきたことを意味しています。北欧諸国では、質の高い雇用を与えて家族を支援することが、子どもが貧困に陥るリスクに対処する上で最も持続可能な手段であると、一般に受け入れられているのです。

＊賃金格差が解消すれば結婚したくなる？

そもそも、最近は20代、30代の若者で男女ともに結婚しない人が増加していることが問題になっています。結婚する人が少なければ、少子化はいっそう進みます。２０１４年３月に内閣府が出した「家族と地域における子育てに関する意識調査報告書」によると、「結婚を決心する状況」として、男性は圧倒的に「経済的に余裕ができること」を選んでいます。また、「若い世代で未婚・晩婚が増えている理由」でも、男性は「経済的に余裕がないから」が最も多くなっています。結婚できる最低賃金ラインは、年収３００万円などとも言われています。非正規社員や派遣社員では雇用形態も収入も不安定で、将来の見通しが立てづらいので、家族を養う自信がなくて結婚できない、あるいはしない、という選択をする人たちが増えているようです。

しかし夫婦共働きであれば、そして男女間の賃金格差がなければ、二人で働き、協力して家族を養うことができます。また、たとえ若い頃には非正規雇用だったとしても、正規雇用に転換できる期待があれば、明るい経済の見通しを持って結婚・出産に踏み切れるのではないでしょうか。

安定した収入を確保することや自分の将来に対して明るい展望を持つことは、若者の婚姻率を押し上げ、長期的には出生率を改善させる効果を持ちます。さらに、安定した収入を得ることで、銀行から住宅ローンなどの融資を受ける資格もでき、個人消費および投資へと続く好循環が生まれるのです。

＊One More Baby の壁

「女性が社会に進出すると、結婚しても子どもをあまり産まない女性が増えて、少子化が進む」。今でもそう信じている人は多いかもしれません。しかし最近の調査で、必ずしもそうではないということが明らかになってきました。

２０１４年に米国の The Economic Journal に発表された研究によると、大卒のアメリカ人女性の出生率が１・８８であるのに対して、大学院卒の女性の出生率は１・９６でした。しかも、高学歴女性の出生率は１９８０年（１・２）と比べると50％も高くなっています。この研究者はその理由を、高学歴の女性は社会に出て懸命に働き、報酬も高いため、家事や育児の良質なサービスにお金をかけることができるためであるとしています（注２）。

欧州でも、北欧諸国やオランダ、フランスなどでは、女性の社会進出とともに出生率が改善しています（図３‐16）。これらの国々は１９８０年代までは、今の日本のように出生率が低く、少子化が深刻な社会問題と受け止められていました。女性の社会進出が出生率低下の原因と考える人も少なくありませんでした。しかし、官民双方で女性が育児と仕事を両立

図3-16　出生率と女性就業率の関係（2013年）

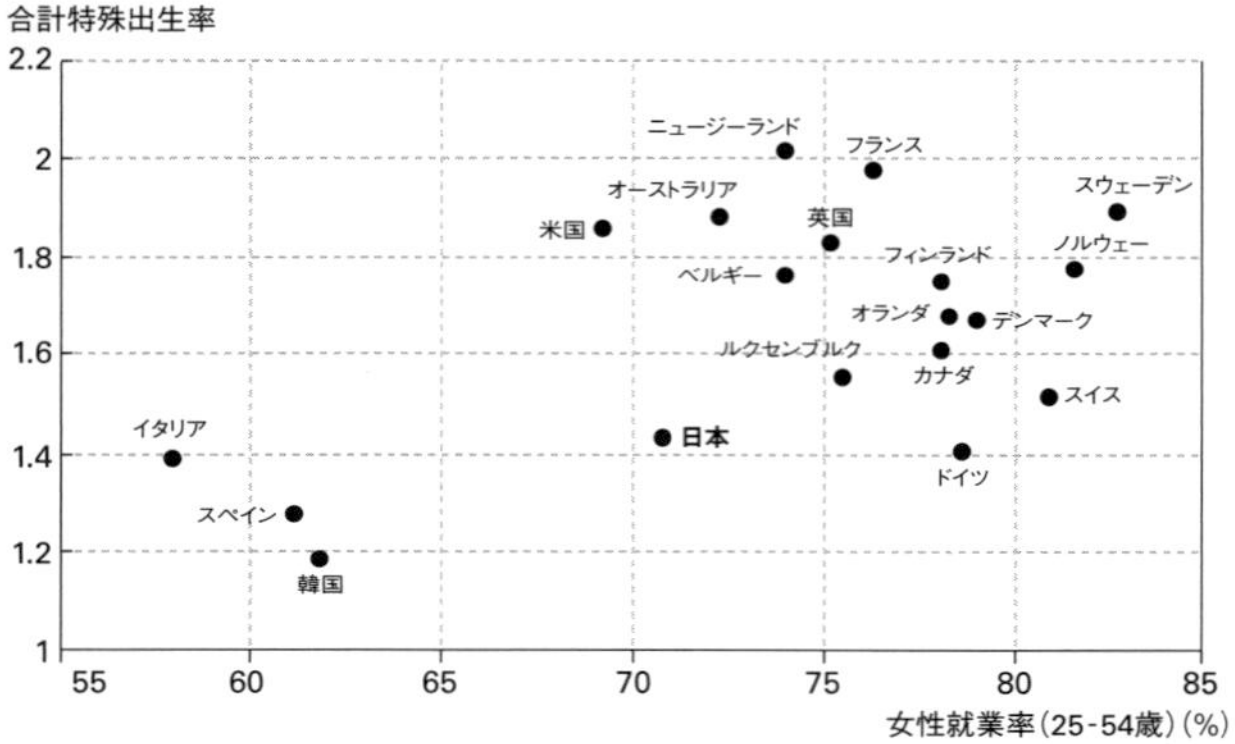

注1. カナダの出生率は2011年。
出典：OECD Family Database, http://www.oecd.org/els/family/database.htm

しやすい社会環境を整えたことで、90年代に入って出生率が改善しはじめました。一時は1・5人以下まで低下した国々でも、その後の取り組みの成果が出て、2・0人程度まで回復したケースがいくつかあります。

私の場合も、一定の収入があったことが、3人の子どもを出産する決断を後押ししてくれました。長男を出産した翌年、私はゴールドマン・サックス証券のマネージング・ディレクターに昇進し、管理職に就きましたが、その直後に第二子の長女を妊娠し、再び産休をとることになりました。さらにその3年後には次男を出産しましたが、3回とも4か月間の有給産休を取ったあと、フルタイムで職場復帰しました。それを可能にしたのは、フルタイムの子守り（ナニー）を雇う経済力と、質の良いナニーを容易に確保できる環境があったことです。

アメリカには私立の幼稚園はあっても、日本の保育園のような公的な託児サービスはほぼ皆無です。その代わりに、ニューヨークなど働く女性の多い都市部では、ナニーや家政婦を雇うことが可能です。同じ職場の女性同僚も住み込みのナニーを雇って仕事を続けていました。

日本の場合も、経済的な理由により第2子以降を産むのをあきらめている人が大勢いるという調査があります。一般財団法人「1 More Baby 応援団」の既婚者を対象にした意識調査によると、「子どもは2人以上が理想」としたのは全体の8割以上でした。その一方、「現実には2人目以降の出産をためらう『壁』が存在する」という回答が7割を超えて、ためらう理由として最も多かったのが経済的な理由でした。もちろん、育児はお金だけで解決できるものではありません。しかし、仕事を継続し収入を確保することが、出産と育児を後押しするという側面はとても重要です。

（注2）参考文献：Hazan, M. and Zoabi, H. (2014), Do Highly Educated Women Choose Smaller Families?. The Economic Journal. doi: 10.1111/ecoj.12148

図3-17　首都圏の幼稚園、保育園数および教員、保育士数の推移

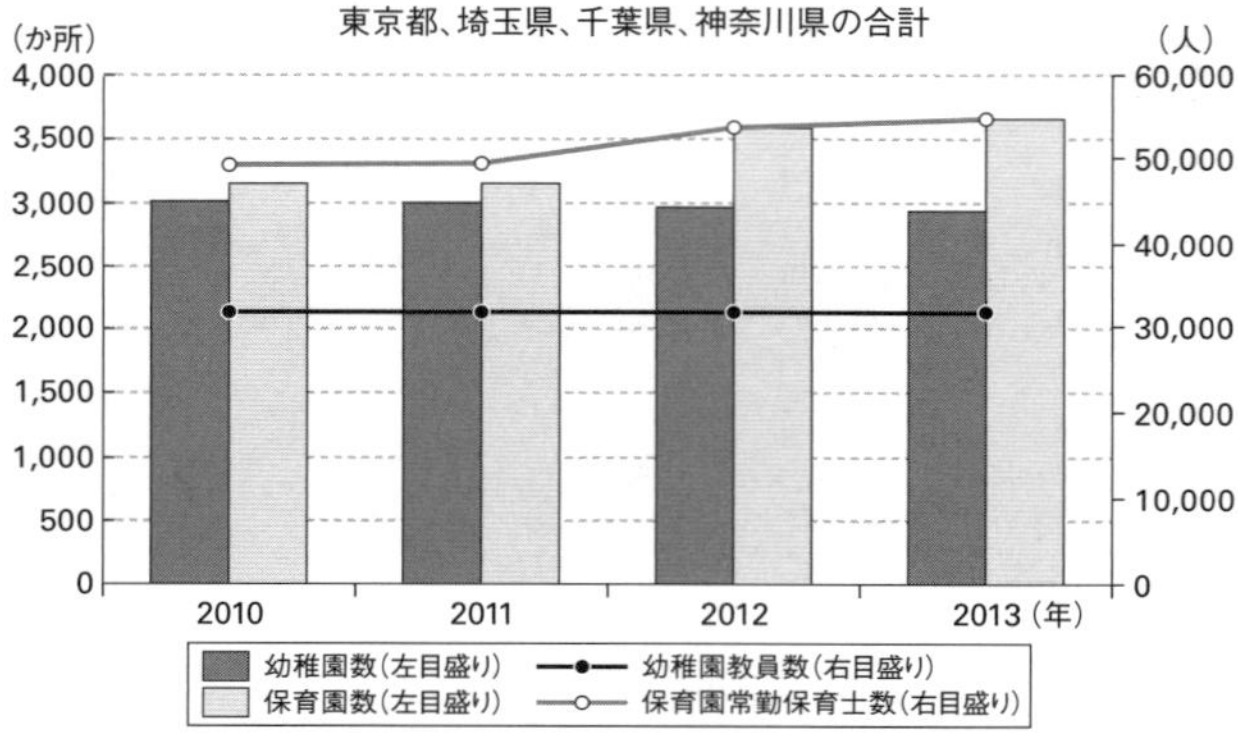

出典：幼稚園数は文部科学省「学校基本調査」(http://www.e-stat.go.jp/SG1/estat/NewList.do?tid=000001011528)
保育園数は厚生労働省「社会福祉施設等調査」(http://www.mhlw.go.jp/toukei/list/23-22.html)

＊インフラ以上に重要な周囲の理解

公立の保育施設がないアメリカに比べ、保育園というシステムがある点では、日本の女性はアメリカ人よりも子育てしながら就業しやすい環境にあると言えるかもしれません。実際の利用にあたっては待機児童問題や保育士の不足など課題が山積しているとはいえ、近年増加している保育園の数に鑑みると、政府がいかに真剣にこの問題に取り組んでいるかがわかります（図3-17）。

託児施設などのインフラはもちろん重要ですが、それと同様に、あるいはそれ以上に重要なのが、働く女性を受け入れる社会全体の寛容さです。専業主婦のみを良しとする従来

の価値観にとらわれず、就業する母親や主夫になる父親など、様々な生き方や価値観を容認する雰囲気を社会全体に醸成することが、女性の社会進出と出産・育児の両立を促進する上で不可欠です。

アメリカは個人主義が強い社会文化であるため、就業や育児に関しても周りの目を気にすることなく、女性が自分に合った選択をできる風潮があります。これが、育児支援の社会的インフラに費やされる公的予算が少なくても、日本よりはるかに女性の社会進出が進んでいる大きな要因の一つだと思います。

私がニューヨークに住んでいた頃、家政婦の手を借りながら仕事と家庭を両立させていることを批判されたり、無言の社会的プレッシャーを感じたりしたことはありませんでした。ところが、日本に帰ってきてからは、働く母親が増えているにもかかわらず、社会の様々なインフラや母親への期待値が、専業主婦を前提としてできあがっていることを痛感しました。

保育園は、未就学児の託児サービスとしては優れたシステムですが、教育制度の一環としての位置づけではないため、教育的なプログラムは導入されていません。教育的な環境を求めるのであれば、子どもを幼稚園に通わせる必要があります。しかし幼稚園は、専業主婦の母親を前提とした教育システムで、延長保育はなく、日中に母親が参加しなければならない行事が多いなど、フルタイムで働く母親にとってはほぼ利用不可能です。さらに毎日お弁当をつくること、バッグやだっこ人形からモップ、雑巾《ぞうきん》まで、子どもの持ち物を母親が手作りすることなども期待されており、親の負担は大きくなります。

家事・育児については、そのアウトプット（例えばできあがったお弁当）と同じくらい、あるいはそれ以上に、そのプロセス（かけた時間とエネルギー）が重要視されているようで、手を抜くと母親失格というレッテルを貼られかねません。

私も仕事を持つ母親として、肩身が狭い思いをする場面が幾度もありました。いわゆる「キャラ弁」をつくる他の母親の才能には感服するばかりですが、家事や育児に手間暇をかける母親を理想とする雰囲気には、違和感を覚えずにいられませんでした。実際に、「働くお母さんの子どもはかわいそう」といった会話が聞こえてくることもありました。そのようなプレッシャーが自分の親や親戚からかかってこなかっただけでも、私の場合は幸運だったのかもしれません。

専業主婦になるのか、仕事を続けながら子どもを育てるのかは、そもそも個人の選択であり、他人が口を出す問題ではありません。家事や育児に関する価値観は画一的ではなく、人それぞれ異なって良いということを、社会が受け入れる必要があります。

母親がどのような生き方を選択するか、その環境によって家事や育児の仕方は当然異なってきます。様々なライフスタイルがあることを認め、一人ひとりが、仕事でも育児でも自分のやりたい分野で自分の能力を充分発揮できるような環境が重要なのです。どのようなお弁当を作るか、持ち物を手作りするか、あるいは市販品の中から気に入ったものを選ぶかは個人の自由であり、それにどのくらいの労力と時間を費やすかは、子どもが健全に育つか否かとは無関係であるはずです。私のようにそういうことにかけられる時間も才能もない母親もいますし、すべて手作りしてあげたいので子育て中は専業主婦でいたい、という母親もいて良いのです。

私は今でも、住み込みのナニーに助けてもらいながら育児をしていますが、子どもの人格形成に悪影響が出ることが心配ではないのかと、よく訊ねられます。しかし、掃除、洗濯、食事の支度など、外注できることは信頼できるナニーにやってもらうことで、帰宅してから子どもが就寝するまでの貴重な時間に本を読んであげたり、学校での出来事を聞いてあげたりすることができるのです。私が仕事の都合で学校行事に参加できないために、子どもに寂しい思いをさせることがあるのは否定しません。ですが、母親が社会に出てやりがいを感じながら働く姿を見て育つことは、子どもの人格形成に良い影響を与えるはずだと信じています。

２０１５年８月に発表された「平成28年度税制改正要望事項」には、「子育て支援に要する費用に係る税制措置の創設〔所得税〕」として、「仕事と家庭を両立し、女性の活躍を促進する等の観点から、ベビーシッター等の子育て支援に要する費用の一部について、税制上の所要の措置を講ずる」という要望が盛り込まれています。残念ながらこれは２０１６年以降に見送りになってしまいましたが、このような新たな制度が人々の意識改革につながることを期待しています。

＊機会均等実現には「ムチ」の議論が必要

世界の標準と比較して、日本では指導的立場に立つ女性が極端に少ない原因に関して、様々な議論が行われています。その中でも「ムチ」に関する議論は、あまり表だってされることがないようです。女性活用を積極的に推進している企業を顕彰するといった「アメ」の部分にはエネルギーが注がれますが、差別と考えられる行為を行う企業を法的に罰するといったムチの側面については、まだまだ踏み込んだ議論が足りません。男女雇用機会均等法は約30年も前に導入されましたが、賃金をはじめとして、いまだ職場における男女の実質的な機会均等が実現されていないということは、この法制度だけでは不充分であることを意味していると思います。

シカゴ大学の山口一男教授による、興味深い論文が発表されています。企業が挙げる女性管理職が少ない理由には、「必要な知識や経験、判断力を有する女性がいない」「在籍年数などを満たしている人がいない」「勤続年数が短く管理職になる前に退職する」などといった項目があります（参考資料：平成23年雇用均等基本調査、図3‐18）。山口教授は男女間の年齢別の学歴差や就業年数などを分析して、日本の現状では、女性が教育や就業経験など人的資本特性で男性と同等であっても、課長以上管理職の男女格差の21％、係長以上管理職の男女格差の30％しか解消されない、つまり、残る格差は生まれ持った属性によるものだということを明らかにしています（参考資料：『日本経済新聞』２０１４年８月29日）。そして、この現状を打破するには、例えば女性の総合職と一般職の区別などの間接差別を引き起こす制度を法的に禁止することが不可欠だと述べています。

アメリカでは、人種や性別に基づく差別行為が証明された場合、非常に厳しい罰が企業に対して科されます。私はニューヨークで働いている間に２人の子どもを出産しました。妊娠を上司に報告すると、妊娠中に仕事を継続するために必要な会社側からのサポート体制、そ

図3-18　女性管理職が少ない、あるいは全くいない理由別にみた企業割合の推移

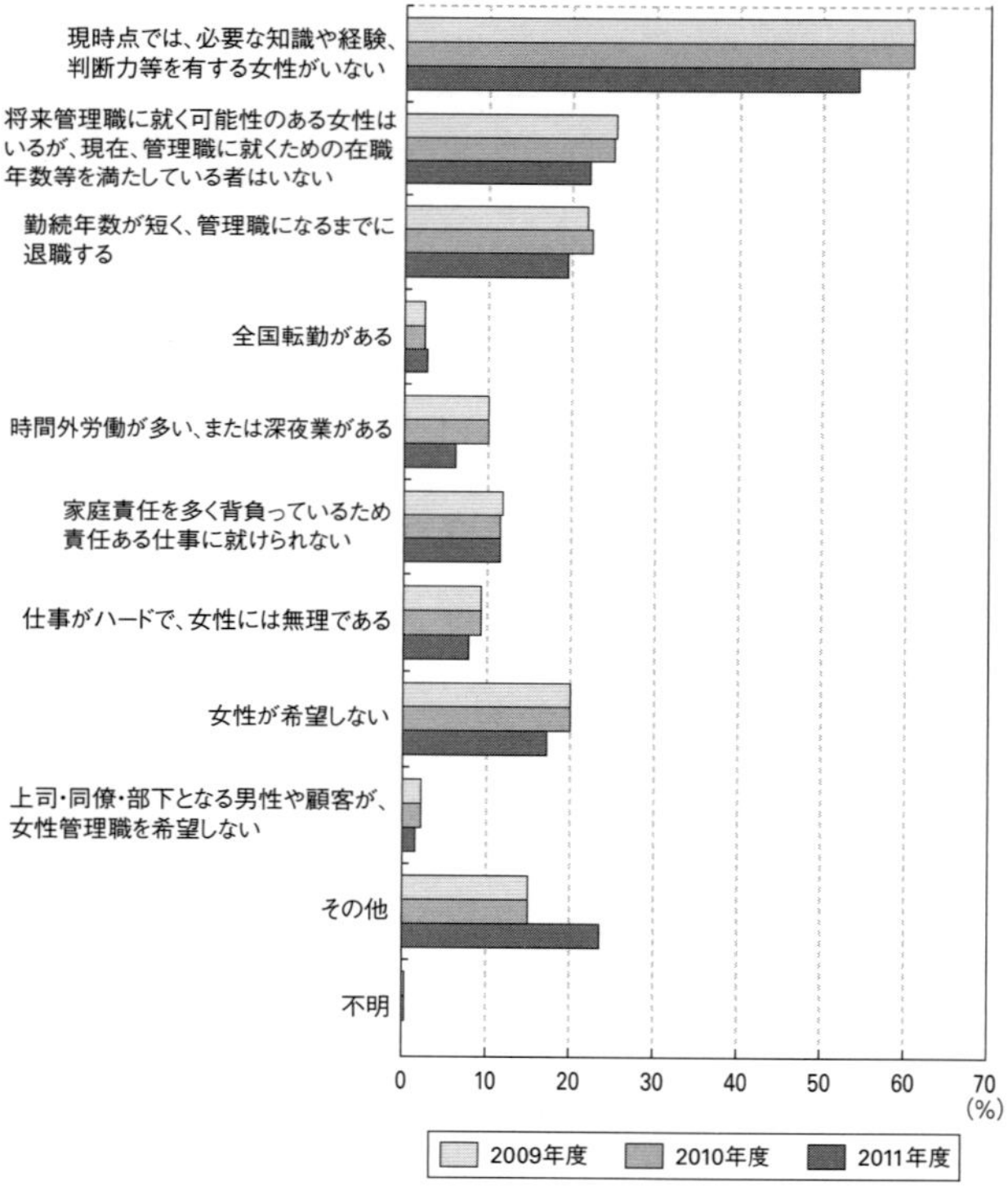

出典：厚生労働省雇用均等・児童家庭局「平成23年雇用均等基本調査」

して産休中のバックアップ体制などを、出産後の職場復帰を前提として話してもらえました。そして、第一子の産休が明けて職場復帰した直後にマネージングディレクター（取締役クラス）に昇進させると聞かされたときは、私自身が一番驚きました。産休をとることが昇進の妨《さまた》げにならなかっただけではなく、産休復帰後の職場での活躍をこれまで以上に期待するというメッセージを、明確に送られたからです。

もちろん、私のようなケースがアメリカ企業において大半であるというわけではありません。しかしアメリカでは、１９９０年代に労働者の権利が法的に確立され、労働者側が差別を根拠に訴訟を起こすとかなり高い確率で勝訴できるようになりました。例えば女性社員に対して、上司（男性に限らず女性でも）が「早く子どもを産んだら」とか「いつ子どもを産むつもり?」といった言葉をかけようものなら、性差別的言動と受け止められ、訴訟を起こされる可能性があります。また、女性社員が「自分が昇進できなかったのは能力のせいではなく出産したせいだ」と感じて訴訟を起こすケースもあります。実際、私の知り合いの女性の何人かは、男性の同僚と比較して給与や昇進で差別的待遇を受けたとして集団訴訟を起こしました。ウォール街のいくつかの企業が訴えられて、数億円にも上る賠償金を原告の女性社員に支払ったこともありました。

そうしたリスクを防ぐため、ゴールドマン・サックス証券では、マネージャー級の社員だけを集めて、部下が妊娠した場合、マネージャーとしてどのような言動をすべきかを学ばせる研修を行っていました。それは男女ともマネージャーになったら必ず受けなければならず、私も部下にどのようなモラル・サポートを与え、会社復帰を支援すべきか、徹底的に教えられたのです。

私はなにも、日本でも女性が待遇改善を求めて訴訟を起こせばいい、と言っているわけではありません。しかし、多くの女性が性差別の被害に遭っているにもかかわらず、解消に向けたルールの改善やペナルティーを厳しくするといった「ムチの議論」がないとしたら、問題です。女性活用が号令だけで終わらないようにするために、男女の待遇差別を罰する制度の強化を推進する議論は必要です。そういう意味でも、マタニティ・ハラスメント防止の議論が最近活発にされ始めたのは、大変有意義だと思います。

＊ロールモデルの重要性

図３‐19は、企業に占める女性取締役の割合です。上場企業だけでなく全企業を含めて見ても、日本は女性取締役の割合がＯＥＣＤ加盟国中最下位です。

図３-19　企業取締役に占める女性の割合（2015年）

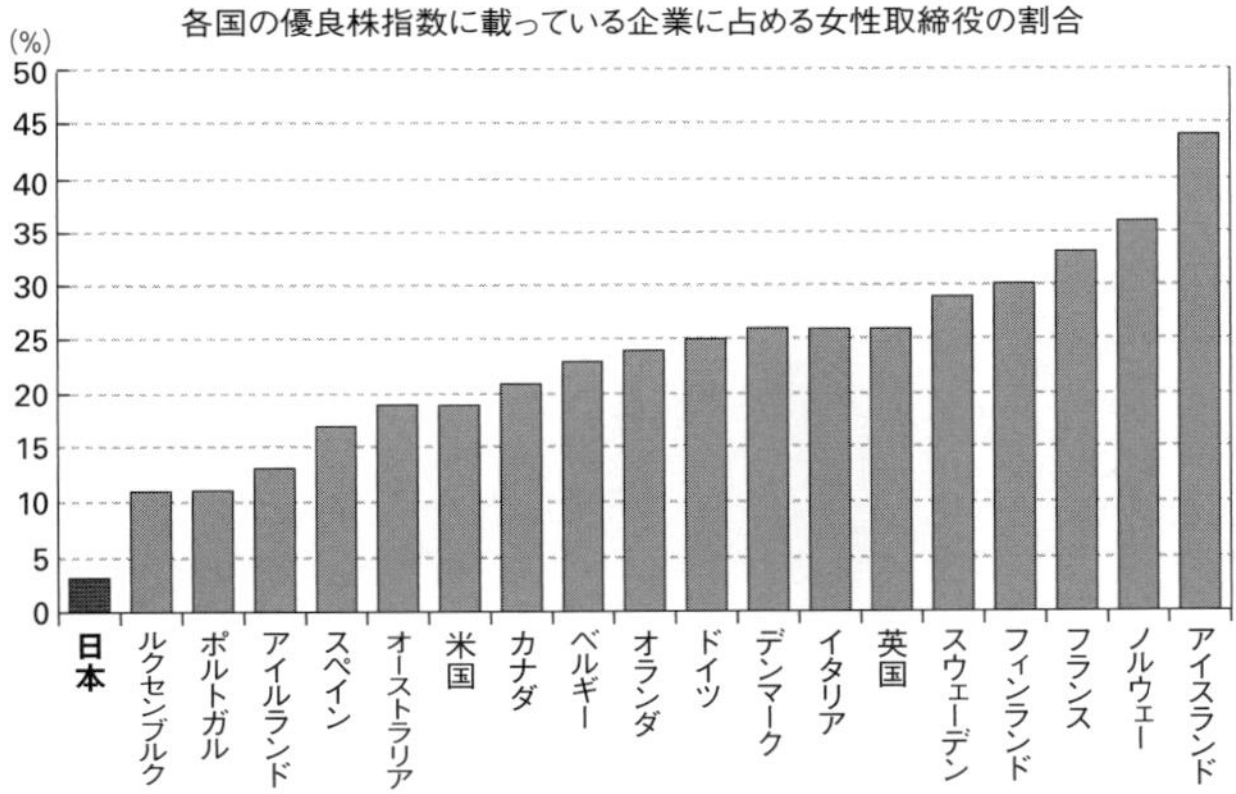

注：日本のデータには、監査役('Corporate Audit' or 'Audit and Supervisory' boards)は含まれない。

出典：OECD (2016), "Gender Equality: Gender equality in employment", OECD Social and Welfare Statistics (database).
DOI: http://dx.doi.org/10.1787/data-00725-en（2016年7月25日抽出）

近年、日本企業が「初の女性執行役員」の誕生を発表するニュースが増えています。ニュースになるということは、まだその事例が少数かつ例外的だということですが、それでも女性幹部が増えているというのは喜ばしいことです。

男女雇用機会均等法が成立した１９８０年代半ばに就職した女性が、当時職場でロールモデルになりうる先輩を見つけることはほぼ不可能でしたが、今では、その状況が少しずつ変化しています。ただ、企業の上層部で活躍している女性幹部の多くが、私生活を犠牲にし、キャリアを優先した代償として、やっと職業人として成功したのだとしたら、そんな苦労をしてきた先輩たちをロールモデルにして、若い女性が将来のキャリアを描くことには無理があるかもしれません。キャリアを追求すると結婚や出産・育児をあきらめざるを得ない、つまりワークライフバランスが取れず仕事と家庭の二者択一を迫られるのであれば、若い女性のキャリア志向を促進することは困難です。

ワークライフバランスの問題が具体化するタイミングで、女性の勤続意欲に影響する要素はいくつかありますが、中でもロールモデルの存在は重要です。女性が結婚、出産を迎えるときに、身近に参考にできるロールモデルを見つけられるかどうかは、その後の人生の選択に少なからぬ影響を及ぼします。

ゴールドマン・サックス証券での私の最初の直属の上司は、リサ・シャレットさんという女性でした。リサさんは日本の漫画好きが高じて、ハーバード大学の卒論も漫画をテーマにしたくらいの大の日本びいきでした。突出した行動力と問題解決能力を兼ね備えた彼女は、社内外の誰もが認める存在でした。日本と比べれば女性進出が進んでいるアメリカですが、金融業界はまだまだ男性が主役です。特に競争の厳しいウォール街では、女性幹部は少数派です。

私が彼女の部下として働き始めてしばらく経った頃に、リサさんは一人目の子どもを出産し、その2年後には二人目を出産しました。アメリカには法律で決められた有給産休制度はありませんが、自主的にそのような制度を導入している企業はたくさんあり、ゴールドマン・サックス証券の場合は4か月の有給休暇が認められていました。リサさんは2回の出産とも、4か月休んだ直後にフルタイムに復帰しました。

日本のように出産前後の時期に親に助けてもらうといった習慣がアメリカにはありませんが、その代わりに出産後数日間から数週間は、ベビーナースという新生児専門の家政婦を雇うことができます。リサさんも出産直後はベビーナースを、会社復帰が近くなると毎日子どもの面倒をみてくれるナニーを雇って、出産後も出産前と同じように働き、同期の男性同僚より早く昇進しました。リサさんの他にも、私の職場には、家庭を持ちながら着実にキャリアを積んでいく女性が何人かいました。

子どもの世話をフルタイムのナニーに任せるとはいえ、海外出張などもこなしながら激務を続けることは、体力的、精神的にタフさが求められると同時に、子守りを雇うための経済的な負担も軽くはありません。しかし、キャリアを成功させて高い報酬を得られれば、ナニーを雇う費用を差し引いても、仕事を続けるほうが経済合理性にかなっています。もちろん仕事を続けるモチベーションは、経済的なものだけではありません。自分が持っている能力を充分に発揮し、自己実現しようとする彼女たちの姿には、当時独身だった私も大いに勇気づけられました。

私もその数年後に結婚、妊娠して、家族と仕事の両立という問題に直面しましたが、このように家族を持ちながら仕事を続ける女性の上司を見てきたことで、きっと自分もできるだろうと自然に思えるようになりました。とはいえ実際にやってみると、乳児を抱えながら投資銀行の仕事を続けるのは、いくらナニーを雇っても尋常ではない苦労がありました。その苦労は自分自身が体験して初めてわかるものですが、先輩や同僚、あるいはビジネススクールの友人たちが同じような苦労を乗り越えていく姿を見ていれば、自信を持つことができるのです。

人間は不思議なもので、自信の有無が、能力を充分に発揮して成果を出せるか否かを左右します。困難な状況にあるときにそれを克服するための最大の武器は、自信や自己肯定感です。キャリアと家庭の両立という問題に直面した女性が、周囲にロールモデルを見いだすことで自信や勇気を持つことはとても重要です。そのような女性が必ずしも同じ職場にいるとは限りませんが、会社内外の様々なネットワークを通して自分のロールモデルを見つけ、イメージトレーニングをしていくことが重要でしょう。

＊ロールモデルは女性とは限らない

ロールモデルは重要ですが、あらゆる要素を兼ね備えた理想的な人物を身近に探すのは容易ではありません。そこで複数の人々のそれぞれの長所を組み合わせて、自分だけのロールモデルをつくることも有効です。私の場合も、直属の上司だったリサさん以外にも何人か、男女を問わず自分のお手本となるような人に出会うことができました。

デビッド・ビニア氏はゴールドマン・サックス証券に33年間勤めて、その間に12年間最高財務責任者（ＣＦＯ）の職にあり、ウォール街で一番長続きしたＣＦＯと言われました。どんな企業でもＣＦＯは重要な職務ですが、特に２００８年に始まった金融危機に直面した欧米の金融機関のＣＦＯは、文字どおり企業の存続を左右する重責を担っていました。

そのような重要な立場にあって多忙なビニア氏でしたが、若い社員との交流の場を頻繁に設けていました。私はビニア氏と仕事上直接関わることはなかったのですが、何度か彼の話を聞く機会に恵まれました。４人いる子どもたちは全員がバスケットボールなどのスポーツに夢中で、それぞれが出場する試合には必ず応援に行くと、目を細めながら話していたのがとても印象的でした。子どもの試合に間に合うよう早めに退社することもよくあるけれど、代わりに試合後は夜中までパソコンに向かい、自宅からカンファレンスコール（電話会議）をすることも頻繁にあったようです。仕事の成果はオフィスにいる時間ではなくて結果を出すことで証明できるということを、みずから示していたわけです。多忙であればあるほど自分にとって何が一番重要なのか、人生のプライオリティを見極めることが大切だと気付かせてくれました。

晩年になってビニア氏は、自分の人生を振り返って、ＣＦＯとして完璧な財務報告書をつくり上げたことと、子どものスポーツの試合の応援を欠かさない子煩悩な父親であったことのどちらのほうが大切だったと感じるか、という問いかけに対して、家族が最優先であるとはっきり答えていました。しかしそれと同時に、仕事と家族は二者択一である必要はなく、選択を必要としない状況を自分で作り出していくべきだとも述べていました。

＊日本の女性は“Best Kept Secret”

もう一人、様々なリーダーの中でも特に私のお手本になったのが、トム・モンタグ氏です。彼はゴールドマン・サックス証券の東京オフィスで２０００年から数年間、債権部門の責任者として勤務し、この間に女性幹部の育成及び抜擢を大胆に遂行しました。

彼の着任当時、東京オフィスには女性の幹部はほとんどいませんでした。優秀な女性が新入社員として数多く入社してきましたが、幹部層には彼女たちのロールモデルとなる女性がおらず、女性が昇進しにくい雰囲気がありました。モンタグ氏は、若い社員の中に優秀な女性が多くいることに気がつき、特に秀でた資質を持った女性にはキャリアの早い段階で責任の大きい仕事を任せたのです。若くて勤続年数が少なくても、将来リーダーになりうる資質や才能を持った女性は、ときに背伸びをしながら任務を全うし、圧倒的な速さで管理職としてのノウハウを習得していきました。経験が自信に、そして自信が成長につながるという好循環をモンタグ氏は作り上げたのです。そして彼女たちの大半が子どもを持ち、仕事と家庭を両立させていました。

優秀な女性幹部が何人か生まれれば、周囲の女性の上昇志向も自然と強まります。はじめは〝女性枠〟での特別扱いと見なされていましたが、女性幹部の数が一定数を超えると実力や実績に基づいた昇進だと周囲が受け止めるようになりました。性別に左右されることなく活躍できる職場は、優秀な女性にとって特に魅力的であるため、さらに多くの優秀な女性が入社してくるようになったのです。

結果的に彼の戦略は良い成果を生みましたが、この取り組みが始まった当初は、難色を示した人もいたことでしょう。後輩の女性に昇進を追い越された男性社員もいました。しかしモンタグ氏は、周囲の反対意見を気にすることなく自分の方針を貫き、前代未聞の女性活用を断行しました。大半の同僚たちが否定的に受け止めている環境では、企業文化の変革は強固なリーダーシップ無くしては実現できません。

それに女性活用といっても、女性なら誰でもいいというわけではありません。まずは将来幹部になりえる資質を持っている人かどうかをしっかり見極め、適切な人選をすることが必要です。リーダーが鋭い鑑識眼を持っていることが不可欠なのです。

さらに、そこで選ばれた女性に経験値以上の仕事（ストレッチ・アサインメント）を与えるときには、最初は相当なバックアップもしなければなりません。「女性第一号」といったレッテルを貼られる女性への嫉妬や風当たりは、男性社員の想像以上のものです。トップリーダーが、選ばれた女性に対して特にリーダーに必要な心構えを教えるメンタリングを行うことで、仕事がリーダーをつくっていきます。そういった女性たちが成果を上げるうちに、当初は批判的に見ていた男性社員も、また女性の同僚も、納得するようになるのです。

モンタグ氏は、その後ニューヨーク本社に転勤しましたが、そこでも女性活躍促進の中心人物となりました。私がニューヨークでモンタグ氏と同じ職場になったとき、なぜそこまで女性活用にこだわったのか訊ねてみたところ、「会社を強くするため」という、とてもシンプルな答えが返ってきました。金融業界において、他社との差別化を図る上で最も有効な手段は、人材です。男性と同じ教育を受けて、男性と同程度の能力を持つ女性を有効活用している企業が他になければ、うちがそれをやろう、そうすれば強くなれると思ったと言います。

多くの日本企業が優れた女性の能力を活かし切れていないことを、彼は、“Best Kept Secret”（最高の秘密、隠し球）と呼びました。その秘密を発見し、活用するべく行動を起こした者が、勝ちを収めるというわけです。

モンタグ氏がアメリカに帰国してからすでに10年近く経ちますが、今でもゴールドマン・サックス証券の東京オフィスの中で女性幹部が最も多いのは、この債権部門です。女性幹部がゼロだった最初の段階では、女性幹部を増やすためのリーダーの強いビジョンと率先力が必要ですが、一度それが軌道に乗れば、性別の垣根のない環境そのものが次の優秀な人材を呼び込み育成することを、モンタグ氏は証明したのです。

第四章　働き方革命のススメ

＊Time is Money!　時間は有限資源

職場に拘束されている時間が長すぎる。そう感じている日本人は多いのではないでしょうか。毎日残業が当たり前で、場合によっては週末に出勤することがあっても、その分の代休は取りにくい、長期休暇は年末年始とお盆休みだけということが、日本企業では珍しくありません。近年は、企業が社員に有給休暇を取るよう奨励したり〝ノー残業デー〟を設けたりして、長時間勤務は改善されつつあるようですが、それでも、欧米並みのメリハリのきいた働き方にはほど遠いようです。

ＯＥＣＤの本部はフランス・パリにありますが、そこで働く職員は、職責にかかわらずほぼ全員が、７月から８月の間にほぼ１か月のバカンスを取ります。普段は海外を飛び回り、オフィスの席が温まらないくらい忙しい同僚たちでも、夏とクリスマスの長期休暇はしっかり取ります。フランス人と比較するとアメリカ人の休暇は短めですが、それでも私が働いていたゴールドマン・サックス証券のニューヨーク・オフィスでは、ほとんどの同僚が夏休みとクリスマスにそれぞれ２週間程度の休暇を取っていました。

ウォール街の競争は生き馬の目を抜くような厳しさで、投資銀行に勤めるバンカーの中には長時間労働をする人たちも大勢います。しかし、勤務時間が長いことが昇進昇給に自動的に有利になるということはほとんどありませんでした。むしろ、いつも残業している人は効率が悪い、仕事のできない人だと思われてしまうことさえあるのです。

時間を有限な貴重な資源として捉えると、勤務時間数に応じた成果がなければ、それは資源の無駄遣いにしかならないと見られます。日本人が時間感覚に鈍感だというわけではありません。しかし、昇進昇給を成果に基づいて行うという明確なシステムが定着していないかぎり、勤務時間数を人事評価の一部として反映せざるをえないのかもしれません。

しかし雇用統計を見てみると、実は日本人の労働時間は、欧米諸国と比較してそれほど長いとは言えません。表４‐１は、主要各国の年間労働時間数の推移です。最新の２０１４年の年間労働時間を比較すると、日本は１７２９時間で、ＯＥＣＤ平均（１７７０時間）を下回っています（参考資料：厚生労働省「毎月勤労統計調査」第2表：総務省「労働力調査」第Ⅱ‐11‐1）。マクロ統計上は、日本人の労働時間はここ35年で顕著に減少しており、２０００年以降は主要国と比べて長いとは言えなくなっているのです。

１９８０年代から90年代はじめの労働時間数が減少している理由の一つに、法定労働時間を週48時間から40時間に短縮するとした、１９８７年の労働基準法の改正があります。私が

（単位:時間）

2006年	2009年	2010年	2011年	2012年	2013年	2014年
1720	1690	1692	1699	1678	1663	1664
1575	1554	1560	1572	1573	1576	..
1745	1702	1703	1700	1713	1708	1704
1479	1446	1436	1455	1443	1438	1436
1484	1489	1494	1496	1490	1474	1473
1425	1373	1390	1393	1374	1363	1371
1879	1812	1801	1801	1806	1815	1821
1813	1776	1777	1773	1734	1733	1734
1784	1714	1733	1728	1745	1734	1729
2346	2232	2187	2090	2163	2163	..
1608	1628	1643	1607	1615	1649	1643
1430	1422	1421	1422	1426	1421	1425
1795	1740	1755	1746	1734	1752	1762
1420	1407	1415	1421	1420	1408	1427
1883	1887	1890	1867	1849	1852	1857
1716	1720	1710	1717	1704	1699	1689
1599	1609	1635	1632	1618	1607	1609
1643	1615	1613	1607	1592	1576	1568
1669	1651	1652	1625	1654	1669	1677
1800	1767	1777	1786	1789	1788	1789
1808	1700	1776	1773	1773	1770	1770

子どもの頃の１９７０～80年代はじめは、父親は、土曜日の午前中も出勤していましたが、法改正以降は、週休二日制を採用する企業が増えました。また、バブル景気の崩壊も一因となって労働時間は徐々に減少しましたが、そのことがこの表の日本の数字にも表れています。

一見、日本人の労働時間は諸外国に比べてさほど長くはないように見えますが、それはこのデータには非正規社員、パートタイム労働者の労働時間が含まれているためです。正社員のみで労働時間を調べ直すと、労働時間はもっと長くなります。さらに、図４-１

表4-1　主要国の年間労働時間

	1981年	1986年	1991年	1996年	2001年
オーストラリア	1819	1799	1775	1782	1736
ベルギー	1683	1685	1626	1559	1588
カナダ	1812	1797	1775	1790	1771
デンマーク	1560	1542	1451	1433	1493
フランス	1803	1665	1655	1606	1526
ドイツ(1980-1990は西ドイツ)	..	..	1554	1511	1442
アイルランド	..	..	..	..	1924
イタリア	..	..	..	1866	1838
日本	2106	2097	1998	1892	1809
韓国	2880	2911	2661	2637	2499
ルクセンブルク	..	1786	1775	1719	1674
オランダ	1553	1485	1442	1494	1452
ニュージーランド	..	1834	1792	1834	1825
ノルウェー	1570	1538	1500	1483	1429
ポルトガル	1993	1936	1887	1894	1900
スペイン	1902	1785	1772	1750	1763
スウェーデン	1508	1536	1548	1653	1618
スイス	..	..	1673	1659	1636
英国	1710	1763	1762	1731	1705
米国	1804	1828	1818	1835	1814
OECD平均	1921	1908	1871	1867	1828

のようなミクロ指標を見ると、日本人は会社での拘束時間や通勤時間が長く、ワークライフバランスという観点からは、国際的にかなり劣っている状況がうかがえます。マクロ統計上、日本人の平均労働時間が諸外国並みに短くなっているのに対して、週50時間以上働く人の割合が先進国中一番多いということは、いかに正規雇用労働者の長時間労働問題が深刻であるかを示しています。

１３３ページの表４-２は、各国で行われた時間利用調査の結果です。この調査は、表４-１の労働時間統計と異なり、一日の時間をどのような活動

図4-1　ワークライフバランス：長時間労働（2013年）

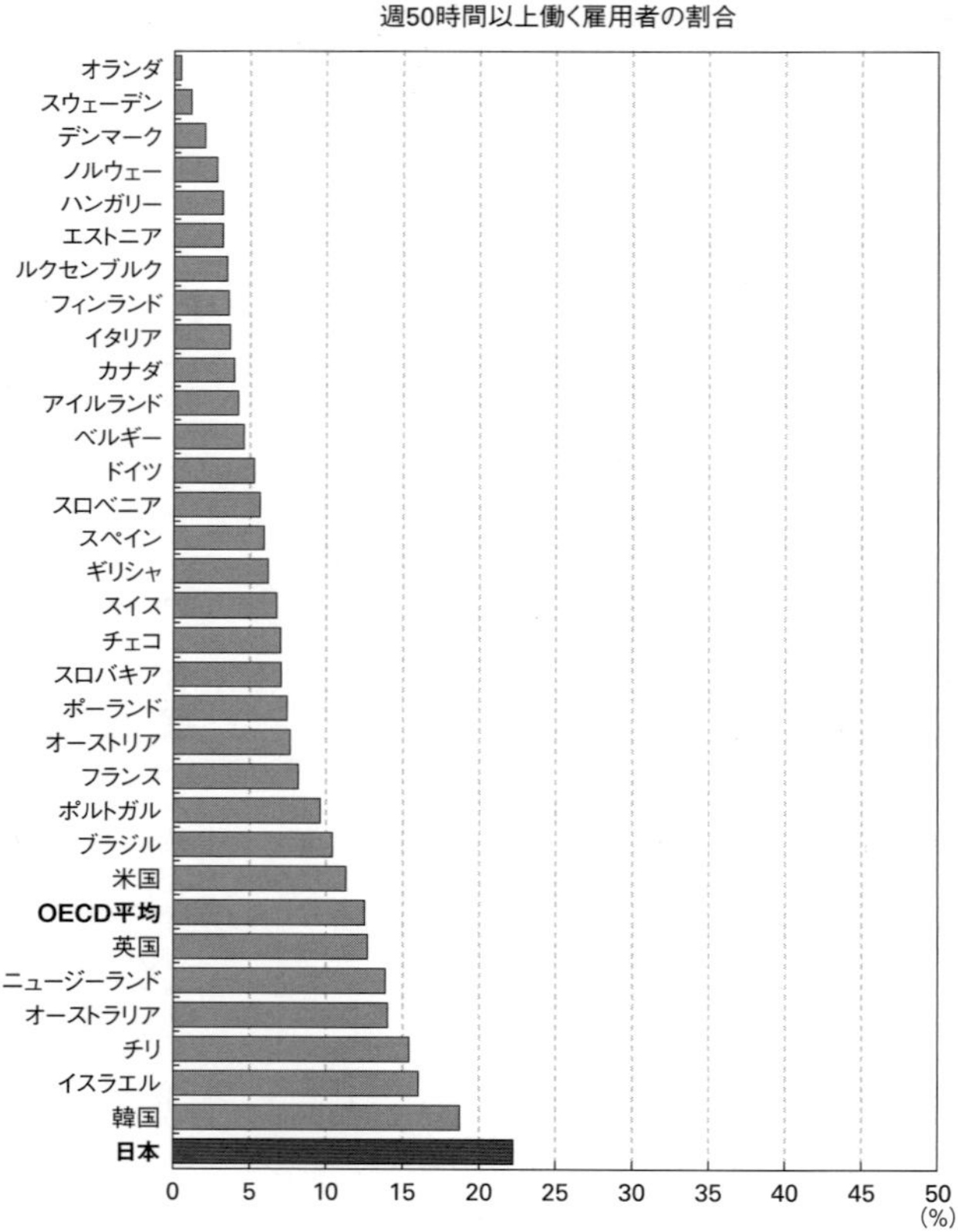

出典：OECD (2015), "Better Life Index - Edition 2015", OECD.Stat (database), http://stats.oecd.org/Index.aspx?DataSetCode=BLI#；Swiss Federal Statistics Office.

に費やしたかを調査対象者に訊ねて得たものです。国によっては「有給労働時間」に学生の通学時間が含まれている場合があったり、通勤や平日の昼食時間が含まれている場合もあったりと、定義にばらつきがあるため単純に国際比較はできないのですが、私たちの日常生活の時間利用の感覚には近いと思います。

これで見ると、日本の男性の平均労働時間は一日7・85時間（471÷60）で世界最長です。一日8時間弱なら短いように感じるかもしれませんが、週末や祝日を含めて一日の平均時間を算出しているので、実際のウィークデーの労働時間はもっと長いことになります。

さらにこの表からは、日本人女性の無給労働時間、つまり家事・育児・介護などに費やす時間が、先進国の中でかなり長いことがわかります。家電の普及などにより、ある程度家事負担は軽減されたはずですが、なぜこんなに長いのでしょうか。

日本では、女性が家事・育児・介護を行うものだという固定観念がいまだに根強く、女性が家の中のことをすべて背負い込みがちで、しかもそれを美徳とする風潮が多分に残っています。ベビーシッターやハウスキーパーなどを雇う習慣も浸透していません。最近はイクメンブームのお陰か、家庭内の責任を分担する男性が増えてきたようですが、それでも時間にして欧米諸国の半分程度と極端に少ないことが、この表からもわかります。また、いくら男

単位：分（平日、週末の平均）

	女性の労働時間							
	無給		総労働時間		男性の睡眠時間		女性の睡眠時間	
273	トルコ	377	メキシコ	607	ニュージーランド	522	スウェーデン	543
269	メキシコ	373	ポルトガル	559	オーストラリア	513	ニュージーランド	529
267	ポルトガル	328	エストニア	536	スペイン	510	米国	522
249	イタリア	315	カナダ	521	米国	509	オランダ	516
248	オーストラリア	311	スロベニア	520	フィンランド	507	オーストラリア	514
246	**日本**	**299**	オーストリア	518	フランス	506	フィンランド	514
242	アイルランド	296	イタリア	513	オーストリア	505	スペイン	514
234	ポーランド	296	**日本**	**506**	エストニア	505	オーストリア	513
233	エストニア	288	スペイン	504	トルコ	504	ベルギー	513
232	スロベニア	286	韓国	501	ポルトガル	503	フランス	513
231	オーストリア	269	ハンガリー	500	スウェーデン	503	トルコ	512
214	ドイツ	269	トルコ	500	ポーランド	502	ポーランド	511
210	ハンガリー	268	アイルランド	493	スロベニア	501	ポルトガル	508
206	ニュージーランド	264	ポーランド	493	オランダ	498	カナダ	507
205	スペイン	258	米国	491	メキシコ	496	アイルランド	506
205	英国	258	オーストラリア	483	イタリア	495	スロベニア	504
197	オランダ	254	スウェーデン	475	ベルギー	494	エストニア	504
197	カナダ	254	ニュージーランド	469	カナダ	493	イタリア	499
197	米国	248	オランダ	460	ドイツ	488	デンマーク	497
197	ベルギー	245	英国	454	アイルランド	488	ドイツ	497
195	デンマーク	243	ドイツ	450	デンマーク	479	ノルウェー	492
189	フランス	233	フィンランド	442	英国	476	英国	491
181	フィンランド	232	デンマーク	437	**日本**	**472**	メキシコ	488
172	韓国	227	ベルギー	434	ノルウェー	461	韓国	462
172	ノルウェー	215	ノルウェー	429	韓国	461	**日本**	**456**
124	スウェーデン	207	フランス	405	ハンガリー	–	ハンガリー	–

出典：OECD based on data from National Time Use Surveys. OECD (2014), OECD Gendar Data Portal 2014 "Time user across the world",
http://www.oecd.org/gender/data/balancingpaidworkunpaidworkandleisure.htm

表4-2　一日の生活時間

時間利用調査を行った年	男性の労働時間						
	有給		無給		総労働時間		有給
2011	**日本**	**471**	デンマーク	186	メキシコ	580	韓国
2009	メキシコ	468	ノルウェー	184	**日本**	**533**	スウェーデン
2009	韓国	422	オーストラリア	172	カナダ	501	カナダ
1999	ポルトガル	372	エストニア	169	オーストリア	500	オーストリア
2008-09	オーストリア	365	スロベニア	166	エストニア	495	エストニア
2006	トルコ	360	ドイツ	164	スペイン	488	スペイン
2005-06	オランダ	354	米国	161	オランダ	487	米国
2008-09	イタリア	349	カナダ	160	ニュージーランド	479	スロベニア
2005	アイルランド	344	フィンランド	159	トルコ	477	メキシコ
2010	カナダ	341	ポーランド	157	オーストラリア	476	ハンガリー
2009-10	ニュージーランド	338	スペイン	154	スウェーデン	476	ポルトガル
2009-10	スペイン	334	スウェーデン	154	アイルランド	473	ノルウェー
1999-2000	ハンガリー	327	ベルギー	151	米国	470	フィンランド
1999-2000	エストニア	326	フランス	143	ポルトガル	469	**日本**
2010	スウェーデン	322	ニュージーランド	141	ノルウェー	468	オランダ
2010	米国	308	英国	141	韓国	467	ニュージーランド
2006	オーストラリア	304	オーストリア	135	スロベニア	466	イタリア
2003-04	ポーランド	303	オランダ	133	ポーランド	460	アイルランド
2000-01	スロベニア	300	アイルランド	129	ハンガリー	454	ポーランド
2005	英国	297	ハンガリー	127	イタリア	453	英国
2010	ノルウェー	284	トルコ	116	デンマーク	446	デンマーク
2001-02	ドイツ	282	メキシコ	113	ドイツ	445	ベルギー
2005	ベルギー	266	イタリア	104	英国	438	ドイツ
2001	デンマーク	260	ポルトガル	96	ベルギー	416	オーストラリア
2009-10	フィンランド	249	**日本**	**62**	フィンランド	408	フランス
2009	フランス	233	韓国	45	フランス	376	トルコ

注：合計1440分のうち、上記の活動に費やした分数を表す。有給・無給労働時間と睡眠時間の他に、睡眠、食事などのパーソナルケアとレジャーがある。有給労働時間には、通勤時間も含む。無給労働には家事、育児、介護、ボランティア活動などが含まれる。

性に家事育児を手伝いたいという気持ちがあっても、帰宅が深夜になるような生活をしていれば、女性と同程度の家事分担は非現実的です。

ちなみに日本人は男女とも、睡眠時間が相当短いこともわかります。特に日本人女性は睡眠時間が世界で最も短いという結果が出ています。まさに日本人は男女とも、寝る間も惜しんで働いているようです。

日本の労働時間は、マクロ統計上は非正規労働者の増加の影響などにより、比較的短く見えますが、実際には特に正規社員の労働時間は世界最長レベルであるということになります。

＊優秀なボスの条件

日本政府は現在、「ホワイトカラー・エグゼンプション」という成果報酬制度を導入しようとしています。働いた時間の長さとは無関係に、成果に対して報酬を与えるという仕組みです。しかしそのような制度が導入されると、逆にサービス残業が増えるという懸念もあり、「残業代ゼロ」制度などと呼ばれることもあります。この制度は、年収がおよそ１０００万円を超える職種のみが対象にされており、その点を批判する声もあります。

私は成果報酬制度の効率性や合理性を長年感じながら欧米で働いてきたので、日本におけるホワイトカラー・エグゼンプションの導入には一定の成果を期待しています。ただ、企業内で成果を客観的かつ公平に評価する制度が確立されないまま、このような法律だけを導入すると、労働者にとっては残業代が支払われなくなっただけという結果に終わり、労働者に不利益をもたらすリスクもあります。

上司より先に部下が帰りづらい、職場の飲み会には必ず出席しなければいけないといった慣習の残る企業は多くあります。職場の付き合いが密であることには、社員の間に強い連帯感が生まれ、会社への帰属意識や忠誠心が高まるといったメリットもあるにはあります。強い連帯感を持つ献身的な社員は、会社に大きな貢献をするでしょう。しかし問題は、拘束時間が長すぎると生産性が下がる傾向があるということです。仕事の成果ではなく働いた時間数で勤務評価される企業文化の下では、非効率でも一つの仕事に必要以上の時間をかけるというインセンティブが社員に働くかもしれません。このことが、労働生産性を下げる大きな要因となっているのです。

管理職の最も重要な責任の一つが部下の評価ですが、それを仕事の成果ではなく、時間に基づいて行うのは簡単です。一番長く会社に残っている人に高い評価を与えればよいからです。しかしそれでは、上司のインプットは必要ないことになります。それに対して成果で評価するためには、客観的な評価軸の設定や公平な査定方法を工夫する必要があります。ここが、管理職の腕の見せ所です。

有能な上司であればあるほど、部下が仕事の効率を高めて成果を出せるような工夫をして、指示を与えます。人事評価の中核が「成果」であれば、上司も部下も必然的に仕事の効率を重視するようになり、その結果、無駄な長時間労働が緩和されていく可能性があります。このように部下の効率を高められるということが、優秀な管理職の条件なのです。

長時間労働解消のための法律や制度だけが導入されても、職場で生産性を改善するシステムが同時に導入されなければ、最終的な成果が下がるだけで、結果的に会社の収益はマイナス、経済の成長も停滞するということになりかねません。

＊「もうビジネスディナーはしない」

アメリカの投資銀行業界でも、長時間労働は深刻です。ゴールドマン・サックス証券のニューヨーク本社に勤め始めた頃、同僚の猛烈な働きぶりに驚愕《きょうがく》させられました。私が所属した株式部は、トレーディング・フロアで早朝から仕事が始まります。多くの人たちが朝6時台に出勤し、午後は市場が閉まってから顧客訪問やミーティングなどがありました。それが夜7時頃に終わると、その後は同僚と夕食に出かけたり、顧客の接待などがあったりして、帰宅はいつも夜遅く。特に入社後の数年間は、アナリストやアソシエートと呼ばれるいわゆる平社員ですので、上司より早く出勤し、遅く退社することが頻繁にありました。成果主義の徹底した会社ですから、付き合い残業という考え方はありませんでしたが、平社員には下準備をする任務が与えられるため、必然的に労働時間が長くなるのです。

過労死は日本で社会問題になっていますが、欧米の金融業界でも、若手社員が過労死するケースはあります。特に投資銀行部門の若手の労働時間は尋常ではありません。私が一時期ニューヨークでアパートをシェアしていたルーム・メートは、ある投資銀行のM&A部門で働いていましたが、三日三晩徹夜で働き続け、4日目に帰宅してリビングのソファーに倒れ込んでそのまま24時間眠り続けるといったことがよくありました。彼女の寝息で生きていることを確認し、ほっとしたこともあったほどです。

以下は、私が入社して2年ほど経った頃の出来事です。当時、株式部門の最高責任者だったボブ・スティール氏が、こう宣言しました。

「今後一切、仕事がらみのディナーはしない。その代わりに朝食と昼食のミーティングは歓迎するので、誰でも遠慮なくアポイントメントを取ってほしい」

上司や同僚とディナーをしながら仕事の話をすることは頻繁にあったので、私はスティール氏が何を意図しているのか、そのときはわかりませんでした。

その1か月後、私もスティール氏とランチのアポを取りましたが、その席でなぜこのような決定をしたのか訊ねてみました。するとスティール氏は、次のように述べました。


「このビジネスを長年やってきたけれど、最近ますます競争が厳しくなってきた。その中でわが社が持つ一番の強みは人材だ。その人材を大事にしなければならない。自分の部下がそれぞれ競争力を高め、生産性を上げるためには、彼らに充分に休養を取ってもらう必要がある。そのためには、まずは自分が仕事がらみの社内ディナーをやめるべきだと思ったのだ。

市場の仕事は朝が早いし、夜も顧客の接待が入ることが多い。そのうえ上司や同僚とのディナーが頻繁にあったら、みんな頭も体も休める暇がないだろう。それに、宗教上の理由でお酒を飲まない人や、子どもがいるから早く帰りたいという人も多い。そういう人たちに無理をさせるのは、結局マネージャーである自分の損になる。夕食でなければ話せないことなどないはずだから、代わりに朝食、昼食の時間をそれに充てればいい。

さらに言えば、酒席で聞いただけの話は情報源が偏《かたよ》っている可能性があり、大きな判断ミスを起こす原因にもなりうる」

数年後に、私もマネージャーになってイスラム教徒の部下を持ったり、結婚して子どもを持ったりしたときに、スティール氏のこの選択の正しさを身にしみて感じました。社内ディナーをしないというのは会社の方針ではありませんでしたが、トップレベルの幹部のこの方針転換は、他の幹部にも影響を与えたようでした。

私は管理職になってからは、部下とのディナーは年に数回程度にし、そのときは全員が参加できるように心がけました。その代わり、日中のコーヒーブレイクにチームメンバーを個別に誘ったり、少人数でランチをしたりしましたが、このようなアルコール抜きのコミュニケーションのほうが、仕事の上でも有効だと実感しました。

＊人生の波を乗り切る働き方革命

第二章、第三章で、若者、中高年、女性など、日本では高い能力を持っているのに活かされていない人材が多いことを述べました。そこに共通する問題は、日本の雇用慣行が硬直化しているということです。何らかの事情で画一的な雇用慣行に適応できない人材を柔軟に採用し、柔軟な働き方を認め、雇用の流動性を高めることができれば、企業に新たな活力がもたらされます。

最近、日本政府や企業が注力しているのは、結婚、出産後も女性が働き続けやすい環境づくりです。そのためには、出産休暇、育児休暇といった期間限定の休暇だけでなく、子育て中の期間限定で正社員の勤務時間を短縮する、あるいは在宅勤務を可能にするといった柔軟な働き方を認めることも有効です。通信インフラ整備が進み、どんな場所でも仕事をすることがほぼ可能な時代になりました。柔軟な労働条件は、女性だけでなく中高年齢層の男性にとっても有益です。

今後さらに深刻な社会問題になるのが「親の介護」で、これは出産と違って女性だけでなく男性にも関わる問題です。夫が働き、育児や家事と同様に妻が親の介護もするべき、という考えは過去のものになりつつあります。男性も働きながら介護をしなければならないケースが増えており、1300万人が介護をしながら働いているという試算もあります（参考資料：『日経ビジネス』2014年9月22日号）。

一日8時間以上拘束される勤務形態では、仕事と介護の両立は難しいでしょう。仕事に支障が出れば退職せざるをえなくなるかもしれません。現在の日本では40代、50代での復職、再就職が難しいため、介護のために退職した人が、介護が終わったあとも仕事に就けず、働き盛りで知識と経験が豊富なのに貧困に陥る可能性すらあります。労働力不足が深刻化している今の日本には、このように労働力を空費する余裕はないはずです。

このような事情を抱えた人たちに在宅勤務や短時間勤務を認めれば、働きながら介護をし、いずれは完全に社会復帰して、持てる経験や能力を社会に活かすことができるのです。

また、今では退職年齢の60歳でも、お年寄りなどと呼ぶのは失礼なほど元気な方々が多くいます。もっと働きたいと思っている高齢者たちが無理なく働き続けられるようにするためにも、柔軟な働き方が不可欠です。

＊高齢化社会で求められる多様な働き方

日本は男女とも、世界で最も長寿の国の一つです。現在の法定退職年齢の下限は60歳です。60歳以降の平均余命は男性で約23年、女性では28年以上あります。この間を好きなことをしてのんびり暮らしたいという方も多いでしょうし、それが可能ならば幸せなことだと思います。しかし現実は厳しくなってきています。寿命が延びると人口に占める高齢者の割合が増

図4-2　長期介護を受けている人の割合

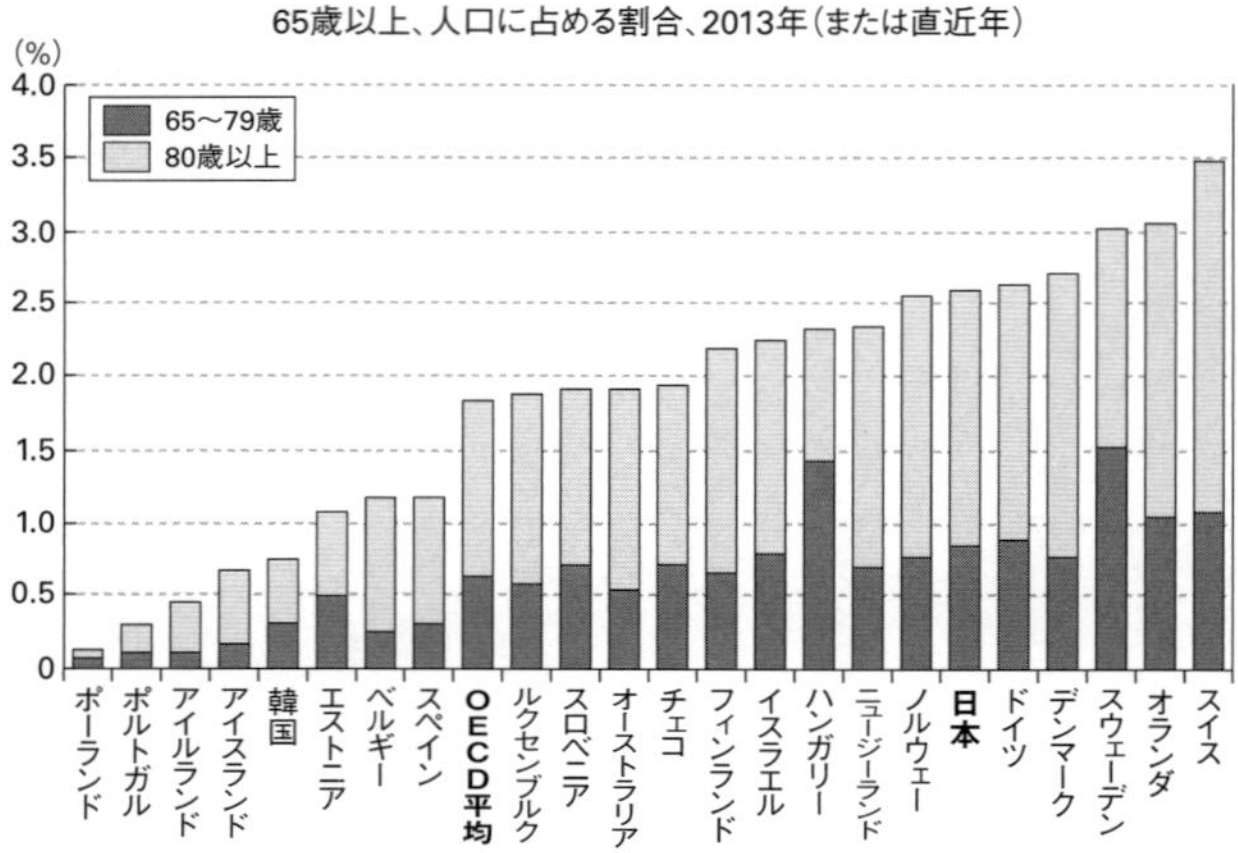

注：デンマーク、スロベニアのデータは2012年、オーストラリア、ベルギー、アイスランドは2010年、チェコは2009年、日本は2006年。

出典：OECD. (2015), Health at a Glance 2015: OECD Indicators, OECD Publishing, Paris. DOI: http://dx.doi.org/10.1787/health_glance-2015-en

Statlink: http://dx.doi.org/10.1787/888933281419

え、介護を必要とする人の割合も増えます。社会保障の財源が枯渇し、日本の財政が破綻する可能性も存在します。

図4-2は65歳以上で長期介護を受けている人の割合、図4-3は、そのうち在宅で介護を受けている人の割合を表したものです。日本では、65歳以上の人口に対して2・6％が介護を受けています。また、在宅介護を受けている人の割合は増加傾向にあり、2013年では76・6％です。

在宅で介護する場合、介護者は主に家族になります。一昔前まで、

図4-3　在宅介護を受けている高齢者の割合

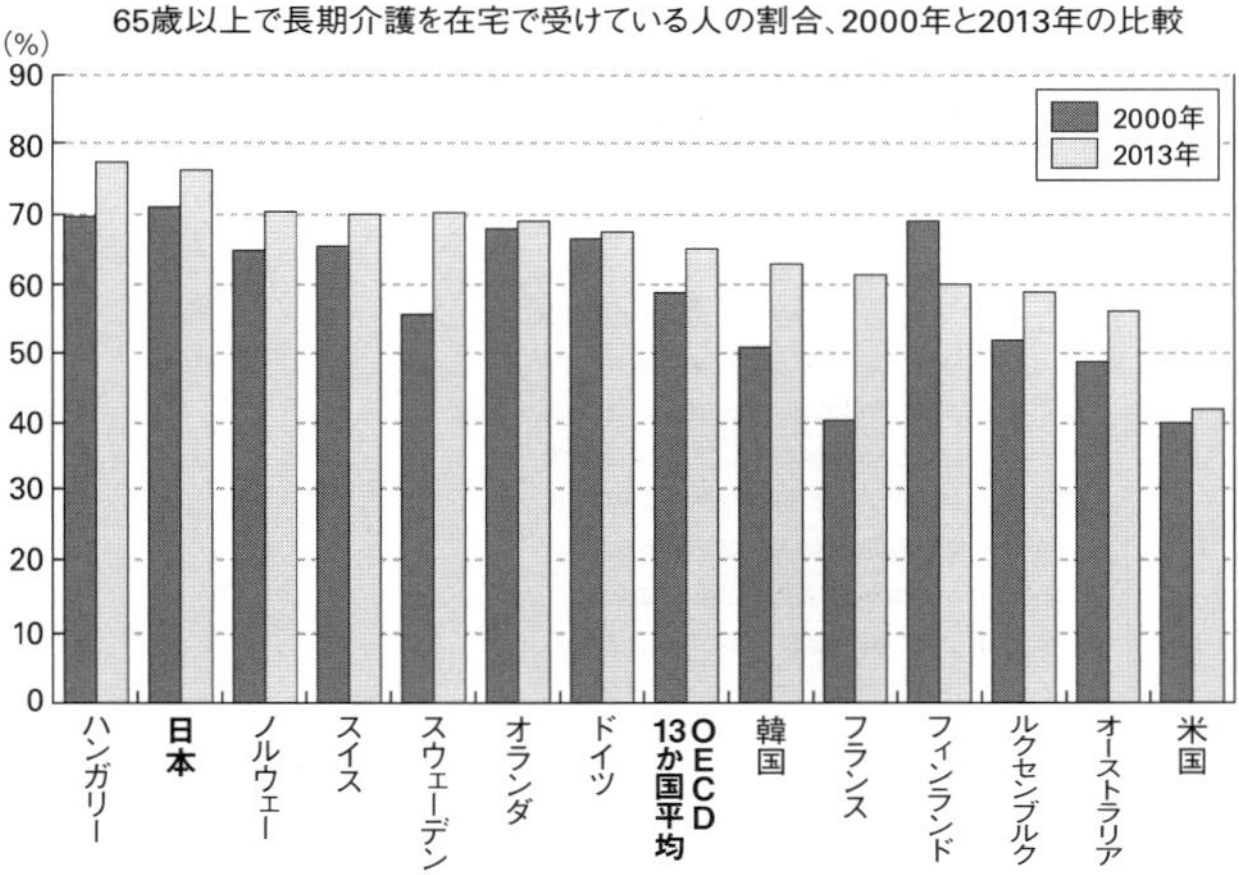

注：日本のデータは2002年と2006年、フランスは2002年と2010年。2000年データのうち、ハンガリーは2004年、ノルウェーは2001年、オランダは2004年、オーストラリアは2002年。2013年データのうち、米国は2007年。

出典：OECD Health Statistics 2015, http://dx.doi.org/10.1787/health-data-en.

Statlink: http://dx.doi.org/10.1787/888933281419

育児と同様に介護も主婦が担うことが日本では当たり前とされてきました。しかし、利用できるサービスやモノをフル活用したとしても、主婦一人だけでは手が足りません。共働きであればなおのこと、女性だけで介護をするのはほぼ不可能です。これからは男性も自分で介護しなければならなくなるでしょう。正社員は長時間勤務が当然、有給休暇も取れないということでは、介護に時間を割《さ》かなければいけなくなったとき、たとえ有能で会社に大きな貢献をしている人でも、離職せざるをえなくなる

図4-4　認知症患者の割合推計（人口1000人当たり）

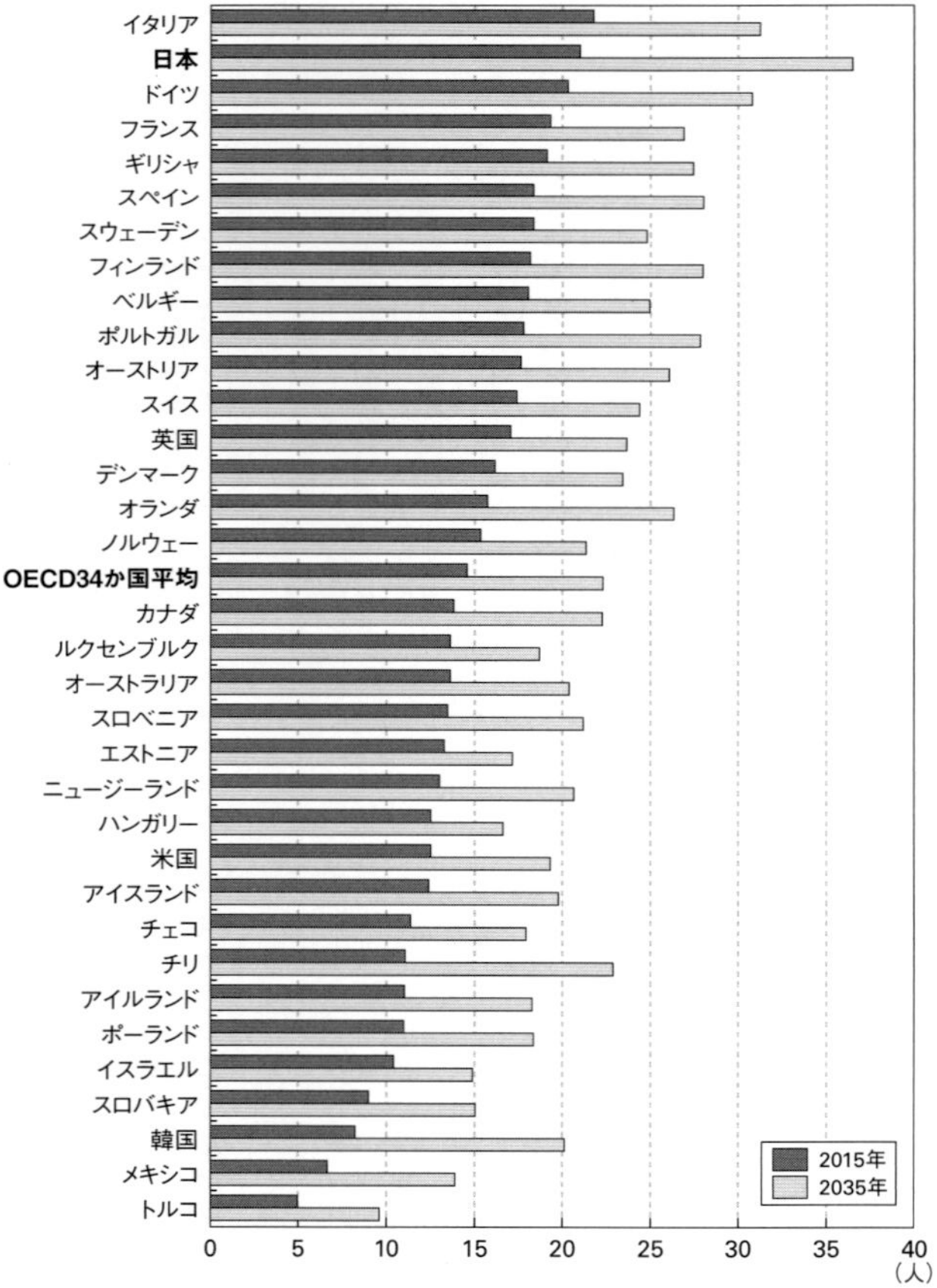

出典：Prince, M. et al. (2013), "The Global Prevalence of Dementia:A Systematic Review and Metaanalysis", Alzheimer's & Dementia, Vol. 9, No. 2, pp. 63-75、および国際連合のデータよりOECDが推計。

Statlink: http://dx.doi.org/10.1787/888933281401

かもしれません。法律では介護休業93日、介護休暇5日が定められていますが、それでは到底足りません。

２０２５年には、日本の団塊世代が70代半ばを超えます。団塊世代が産んだ子どもの世代から少子化が急速に進んだので、両親の世話をする人の数も必然的に少なくなります。認知症患者も増え続けると予測され、２０３５年には世界で最多となるデータもあります（図４-４）。高齢者を支える現役世代の負担の増大は深刻です。高齢者自身にとっても、退職後に実りある生活を送ることは重要です。世界最長寿の日本人は、退職後の人生が平均でも20年以上もあります。定年後の幸せな生活は、経済的自立とも密接に関係しています。

図４-５は各国の退職年齢と年金支給開始年齢との差を示したものです。日本は今のところ、退職年齢よりも年金の支給が始まる年齢のほうが早いですが、年金基金の現状を考えると、いずれ年金支給開始年齢がさらに引き上げられる可能性は高いです。平均寿命が延びた上に財政難が重なったため、欧州諸国には年金支給開始年齢の引き上げを実施、あるいは検討している国が出てきました。日本を含む多くの国の年金支給開始年齢が70歳になる日は、そう遠くないかもしれません。

高齢者にとって、フルタイムで週５日の会社勤めを続けることは体力的に厳しくなるでし

図4-5　実質退職年齢と公的年金支給開始年齢の平均

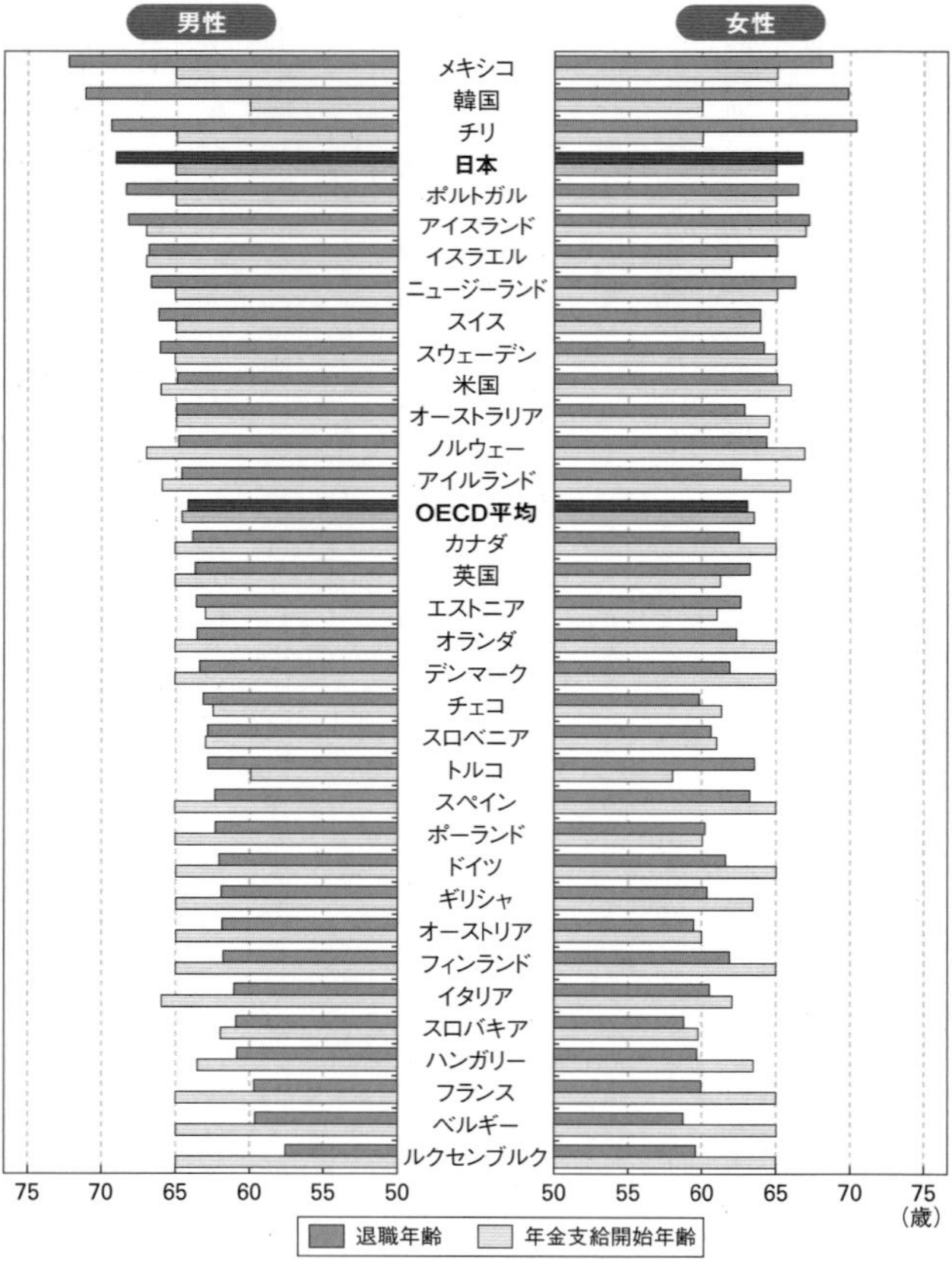

注：上記の退職年齢は2007-12年の5年間のもの、年金受給年齢は2012年のものである。データは、各国の労働力調査とEU労働力調査の結果に基づいてOECDが推計。

出典：OECD（2013）, Pensions at a Glance 2013: OECD and G20 Indicators, OECD Publishing, Paris. DOI: http://dx.doi.org/10.1787/pension_glance-2013-en

Statlink: http://dx.doi.org/10.1787/888932907186

図4-6　年金給付のネット所得代替率（平均所得者）

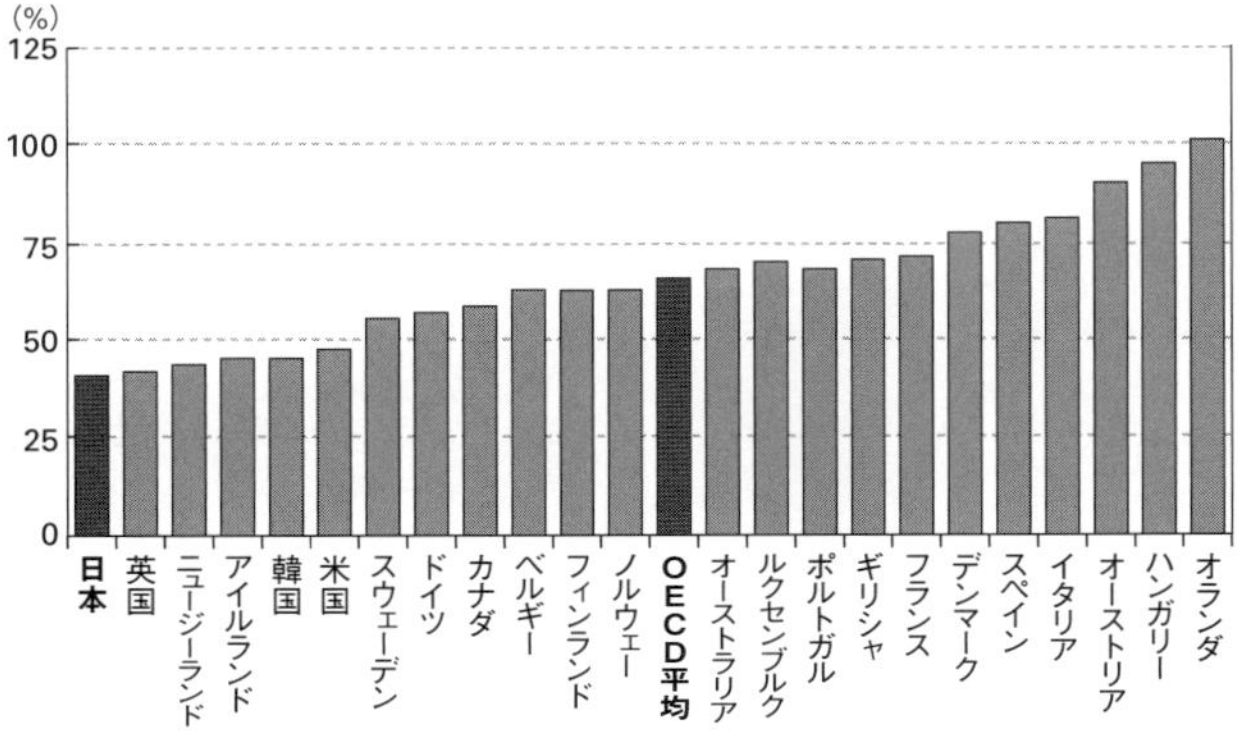

出典：OECD（2013）, Pensions at a Glance 2013: OECD and G20 Indicators, OECD Publishing, Paris.
DOI: http://dx.doi.org/10.1787/pension_glance-2013-en
Statlink: http://dx.doi.org/10.1787/888932907357

ようし、働き盛りの頃には思うように時間を割けなかった趣味や旅行などをしたい人も多いでしょう。そのような希望を叶えながら無理なく働くことを可能にするのも、柔軟な働き方ではないでしょうか。すでに、早朝や、正社員が帰宅したあとの夜間などの時間帯を任せるために高齢者を雇う企業も出てきています。

日本では、高齢者の就業が欧米諸国と比較するとかなり進んでいます。図4-6は、高齢者の年金額の、現役時代の所得に対する割合を示したものです。日本の高齢者の働き口の代表的なものは、これまではシルバー人材センターでした。今後はそれだけでなく、一般の企業でも退職した高齢者の持つノウハウや知識に期待して、重要な仕事を任せたり、または正社員で対応しきれない仕事を高齢者に託すといったケースが増えていくでしょうし、また、そうでなければなりません。

今後さらにＩＣＴ・ＡＩ技術の導入が進めば、働き方が効率的になります。それは高齢者の働き方の選択肢が広がるということでもあります。先に述べたＰＩＡＡＣの結果からも明らかなように、これから高齢者になる現在中高年の人々のスキルレベルは、すでに非常に高いのです。世界的に見ても、このＡＩなどとの協業がもたらす働き方の変化に最も適合する力を持っている人たちなのです。

第五章　日本のイノベーション力を活かせ！

図5-1　労働生産性の推移（2001-14年）

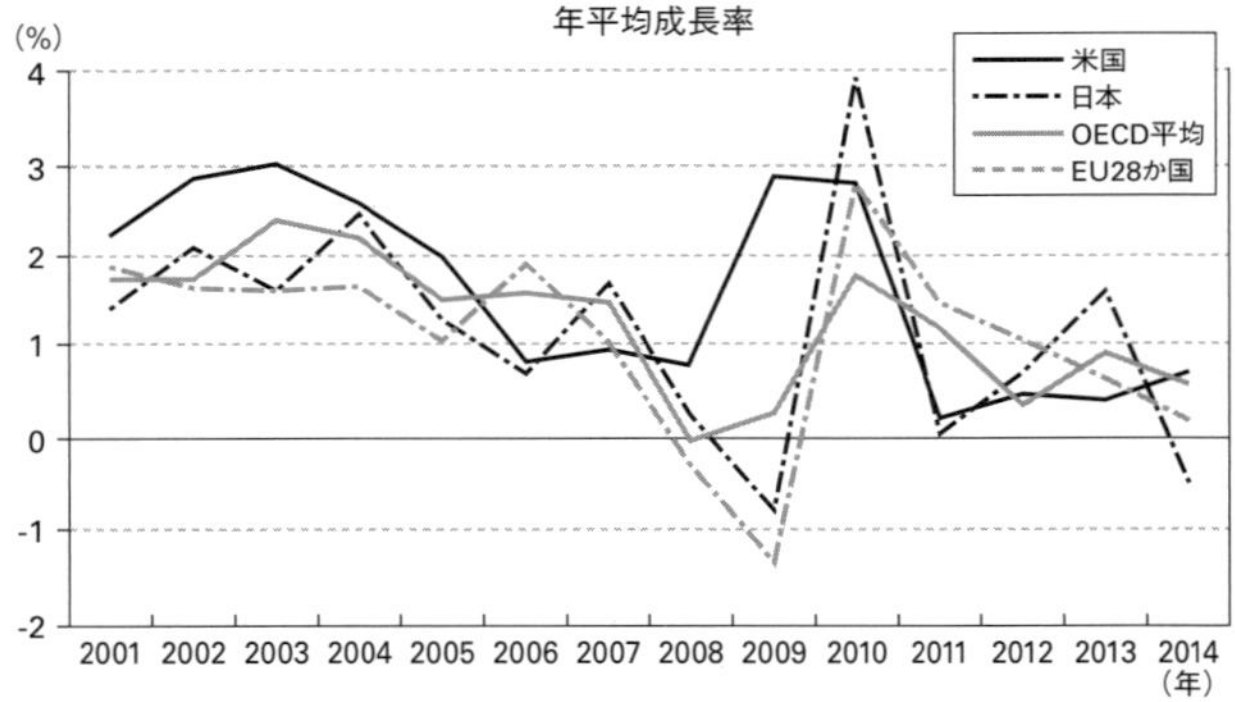

出典：OECD.(2015), OECD Science, Technology and Industry Scoreboard 2015: Innovation for growth and society, OECD Publishing, Paris.
DOI: http://dx.doi.org/10.1787/sti_scoreboard-2015-en
Statlink: http://dx.doi.org/10.1787/888933272766

＊世界中で鈍化する生産性

情報通信技術や人工知能といった技術の発展により、世界の生産性は向上し続けている印象を持たれるかもしれませんが、マクロ統計で見ると、近年では反対の傾向にあることがわかります。

図5-1にあるように、日本を含む大半のOECD加盟国では、2000年初期頃から生産性の低迷が始まりました。ICT技術の浸透などにより、アメリカをはじめとする先進国では1990年代から2000年初頭にかけて生産性が大幅に改善しましたが、その後今日に至るまで低レベルの状態が続いています。

図５-２　労働生産性の推移（2001-14年）

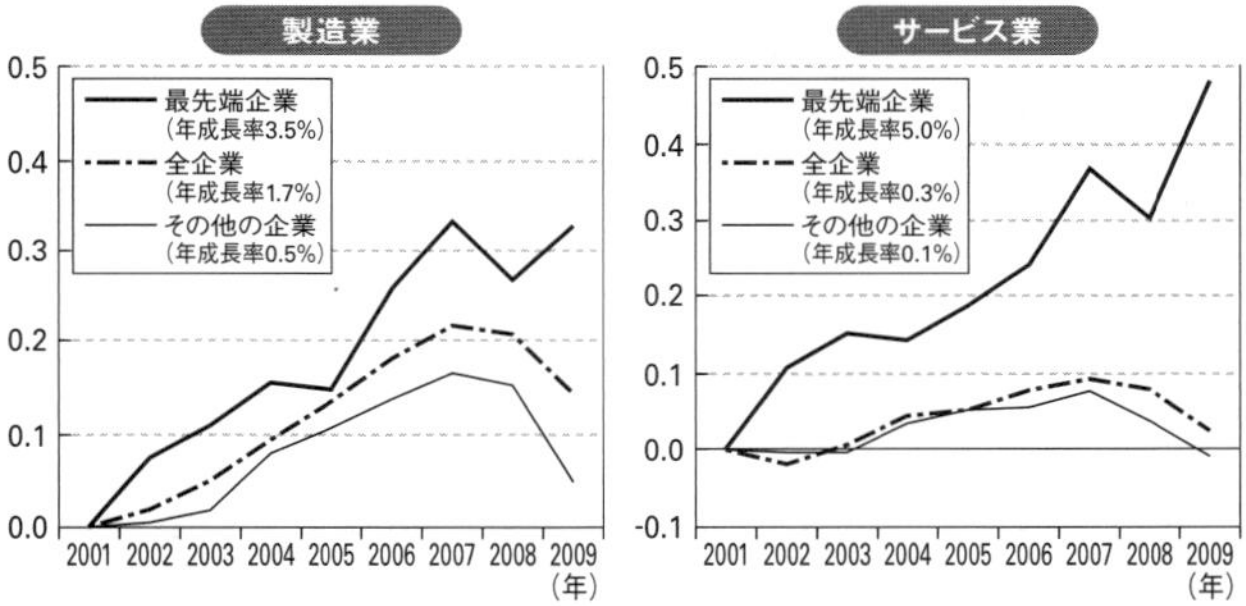

注：「最先端企業」は、産業分類ORBISの２桁コードの産業のうち、世界的に最も生産的な企業100社の労働生産性の平均である。「その他の企業」は、それ以外の全企業の平均である。「全企業」は、OECD STAN Databaseの全産業部門の合計である。括弧内は各分類の2001-09年の労働生産性の年平均伸び率である。このグラフに見られる長期的パターンは、以下の点に対してロバストである。1）異なる生産性尺度を用いている（例えば全要素生産性）。2）一定の最先端企業グループを時系列で追跡している。3）利益移転活動が行われている可能性がある多国籍企業グループの一員である企業を除外している（本社または支社）。

出典：OECD.（2015），The Future of Productivity, OECD Publishing, Paris.
DOI: http://dx.doi.org/10.1787/9789264248533-en

図５‐２で詳しく見ると、生産性の高い企業とそうでない企業の格差が拡大しているため、生産性の平均値が伸び悩んでいることがわかります。労働生産性が最も高い上位１００社を「最先端」とされる企業とすると、それらは２００１年以降、生産性を年率平均３・５％伸ばしていますが、「その他の」企業の生産性はその半分以下となっています。

格差はサービス部門でより鮮明に現れます。金融を除くサービス部門で生産性が最も高いと分類される企業の生産性は年率５％程度ですが、サービス部門全体の平均値は０・３％と、極めて低い伸び率となっています。特にサービス部門では、グローバルに事業展開している企業とそうでない企業の生産性の格差が顕著です。

このように考えると、世界的な生産性の低迷は、イノベーションの低迷を意味するわけではないことがわかります。つまり、生産性向上の鍵となるイノベーションが生まれても、その恩恵に与《あずか》れるのはグローバルに事業展開をしている一部の先進的企業のみという状況が、経済全体の生産性の底上げを困難にしているのです。イノベーションの種は数多く芽生えますが、それを育て、生産性向上という果実にすることができる企業が極めて少数であるため、"The Winner takes it all"（勝者がすべて奪う）という現象が起こっていると考えられます。

問題はイノベーションの創造ではなく、その拡散メカニズムが効果的に機能していないのではないかということになります。逆説的な言い方をすれば、イノベーションの種は多くあるので、それが拡散するようなシステムを構築すれば、経済全体の生産性の向上が期待できるのです。

＊イノベーションの拡散メカニズム

では、生産性向上のためにイノベーションを経済全体に拡散させるには、何が必要なのでしょうか。

まずは、企業の国際化が重要な条件です。グローバルな事業展開を行っていない場合でも、世界レベルで最も競争力のある同業他社や取引相手などの最新情報にアクセスできるように、ネットワークを構築する必要があります。また、国際貿易や国際投資を促進する法的枠組みを政府が確立し、自由競争の原理に基づいた事業展開を民間企業が推し進めることで、資本や人材の国際的な流れが活性化することになります。たとえ小規模な企業であっても、グローバル・バリューチェーンに参加することが、世界最先端のイノベーションへのアクセスを可能にするのです。

次に重要なのが、市場への新規参入障壁を取り除くと同時に、弱体企業の廃業を促進する環境を構築することで、経済の新陳代謝を高めることです。

新しい技術やビジネスモデルを積極的に市場で試すことにより、イノベーションの種が開花する可能性を確認するというプロセスが必要です。起業しやすい環境が整っていること、そして失敗のリスクを軽減するために、廃業や倒産を懲罰的な結果を伴うものにしないような行政制度改革の取り組みも重要でしょう。収益性が弱く成長展望も見込めない、いわゆる「ゾンビ企業」が多く残存する経済では、イノベーションが生まれにくいだけでなく、先進的な企業が成長しにくいので、そのような企業が生んだイノベーションの拡散メカニズムも機能しません。

特に圧倒的な生産性の向上に寄与する破壊的イノベーションは、既存ビジネスからの完全脱却を意味するものです。そのようなビジネス環境の根本的な変革を伴うイノベーションが出現した際には、競争優位性が劣るために経済合理性を確立できなくなった企業が迅速に市場から退散するか、事業の再編を実施することが重要です。それは資本や人材を高生産部門へ効果的に再配分することにも直結します。当然のことながら、生産性とスタートアップ企業や新事業への投資トレンドには相関関係があります。

イノベーションを拡散させ、規模拡大を図るためには、資源のマッチメーキングも欠かせません。生産性の高い企業に、資本や人材が集まれば、事業成長が促進され、規模の経済によりその企業の収益性がさらに高まるという好循環を作り上げます。いくら優れたサービスや製品を開発しても、事業拡張のための資本や人材が利用できなければ、ビジネスの成長は限定的となり、その会社の有するイノベーションが経済全体に及ぼす影響も限られてしまいます。

資本や人材の適材適所は、個々の企業内のみならず、経済全体で促進していく必要があります。健全な市場原理や自由競争を阻止する規制や、労働市場の流動性を妨げる雇用慣習、弱体企業の市場残留を受容する政策、不良債権処理の先送りなどの理由で、資本と人材配分が最適化されない経済では、イノベーションの拡散スピードは遅く、生産性も低くなってしまうのです。

生産性を考える際にもう一つ重要なのは、イノベーションに対する投資をハード面だけでなく、人材の技能、企業の組織、ノウハウなどの他、人材育成という観点から起業家精神を育める教育環境なども含め、ソフト面も含めた広義な投資として実行することです。ハードとソフト、製造業とサービス業など様々な異分野の要素が複雑に結合し、相乗効果が生まれた結果、アウトプットが拡大し、総合的な生産性も向上するということになるのです。

＊イノベーション大国・日本の実力

このような角度から生産性の低迷を考えてみると、日本が抱える問題がよく見えてきます。日本ではイノベーションが生まれないのではなく、生まれたイノベーションが拡散するメカニズムがうまく機能していないために、その恩恵が経済全体に行きわたらず、生産性の向上につながっていないのではないでしょうか。

日本は世界トップクラスのイノベーション大国であるということがわかる統計があります。

図5-3　新興技術分野におけるトッププレーヤー（2010-12年）

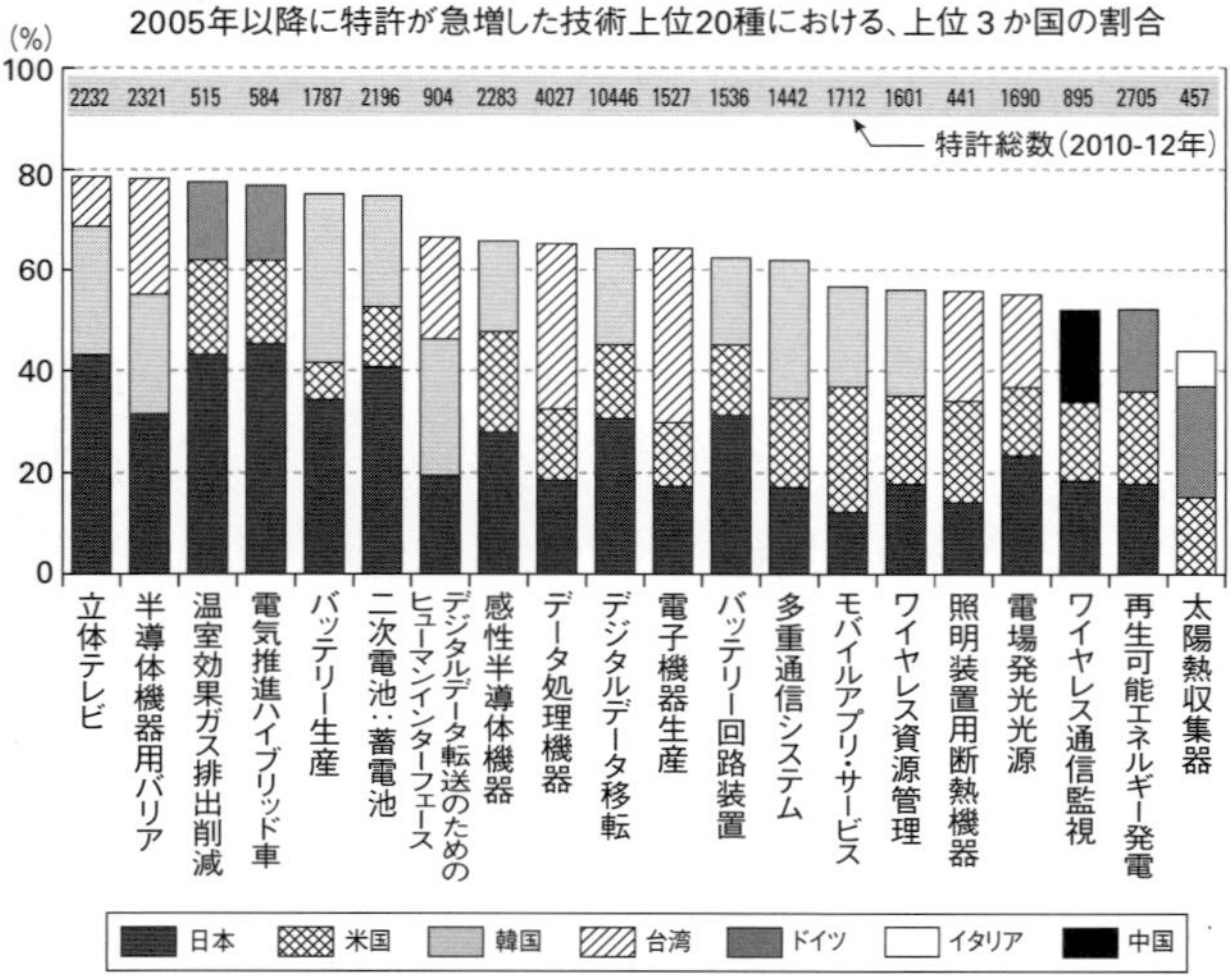

出典：OECD.（2015）, OECD Science, Technology and Industry Scoreboard 2015: Innovation for growth and society, OECD Publishing, Paris.
DOI: http://dx.doi.org/10.1787/sti_scoreboard-2015-en

図5-3は、2005年以降、最も大きな経済インパクトをもたらした20種のテクノロジー分野の特許の国別分布です。日本はこれらのほぼすべての分野で、特許数が最も多い上位3か国に入っています。特許の国際比較から、日本がイノベーションの種を数多く生み出していることは明らかです。

しかし重要なのは数よりも、その特許が商品化され、市場価値を生み出しているかということです。この点に関して、日本が他国と比較してかなり劣っている可能性を示しているのが図5-4です。新

図5-4　市場に新製品をもたらした企業の割合、製造業とサービス業（2010-2012年）

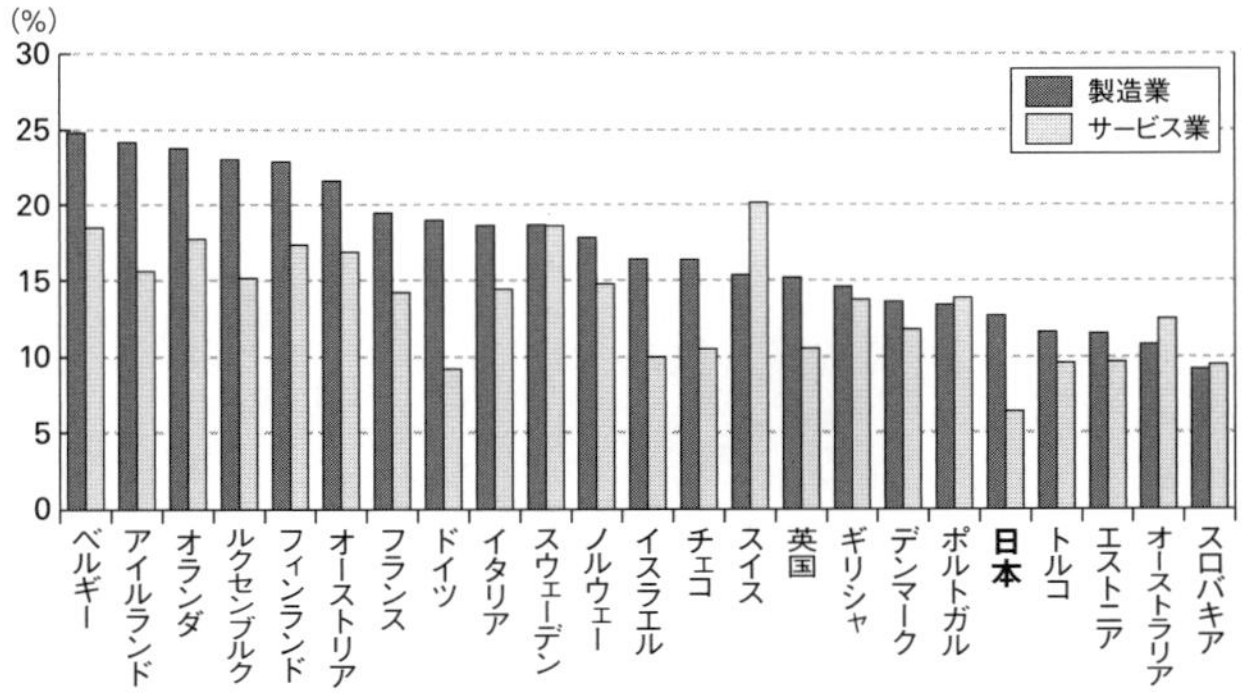

注：日本のデータは2009-11年、オーストラリアは2012-13年度、チリは2012-12年、韓国は2011-13年。イノベーションの調査方法と各国固有の回答パターンに違いがあるため、国際比較には注意が必要である。欧州諸国はCommunity Innovation Surveyという共通の調査ガイドラインに沿っている。詳しくは以下のウェブサイト参照：www.oecd.org/sti/inno-stats.htm

出典：OECD.（2015）, OECD Science, Technology and Industry Scoreboard 2015: Innovation for growth and society, OECD Publishing, Paris.
DOI: http://dx.doi.org/10.1787/sti_scoreboard-2015-en

Statlink: http://dx.doi.org/10.1787/888933274231

商品を市場に導入した企業の割合が、製造業で約13%、サービス業では7%と非常に低いレベルにとどまっています。

*ビジネスのグローバル化とイノベーション拡散

イノベーション大国日本の実力が発揮されない理由を考えてみましょう。イノベーションの拡散のためには、ビジネスの国際化が必要だと前述しましたが、日本のビジネスの国際化を図る上で参考になるいくつかの指標があります。

図5-5は、学術研究における

図 5 - 5　学術研究における国際協力のネットワーク図
-STI Scoreboard 2013

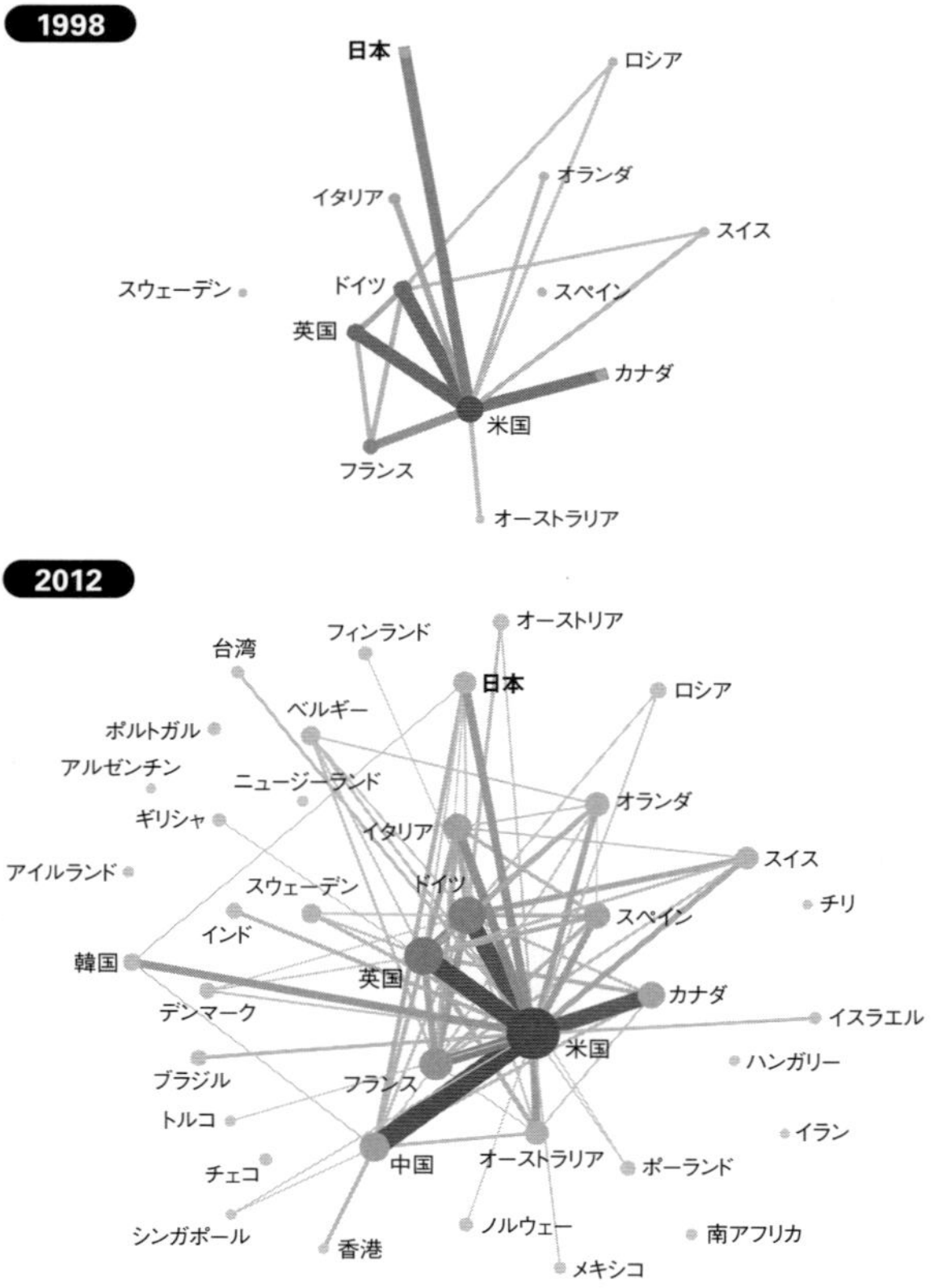

出典：OECD. (2015), OECD Science, Technology and Industry Scoreboard 2015: Innovation for growth and society, OECD Publishing, Paris.
DOI: http://dx.doi.org/10.1787/sti_scoreboard-2015-en

Statlink: http://dx.doi.org/10.1787/888933274231

図 5-6　イノベーション企業による共同研究の国内・国際比率（2008-10年）

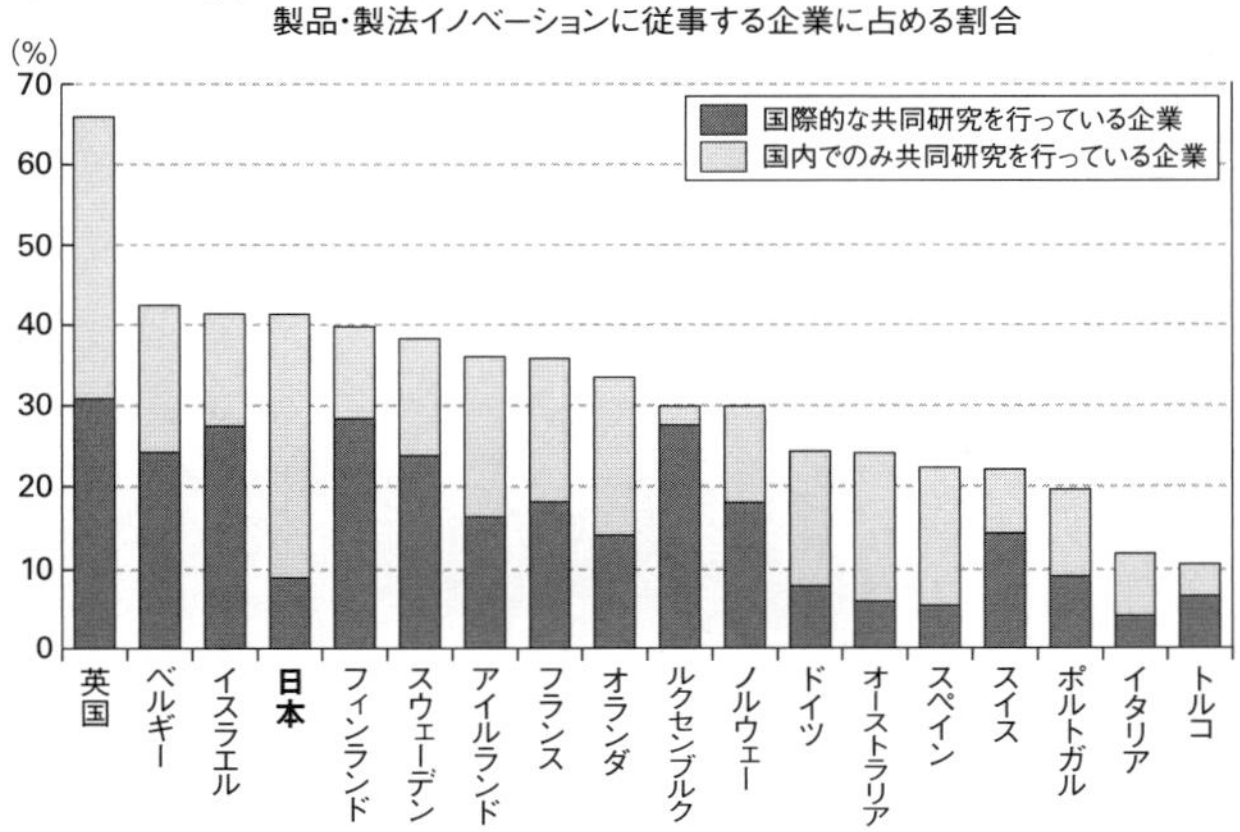

出典：OECD (2013), OECD Science, Technology and Industry Scoreboard 2013: Innovation for Growth, OECD Publishing, Paris.
DOI: http://dx.doi.org/10.1787/sti_scoreboard-2013-en

Statlink:http://dx.doi.org/10.1787/888932891397

国際協力のネットワークを示したものので、国際共著論文の数で表します。国際的な学術研究は、この10年ほどで世界全体に拡大しています。円の大きさはそれぞれの年に発表された学術論文に占める国際共著の割合を、線の太さはその線がつなぐ2国間の国際共著論文数で表す国際協力の強さを表しています。この図には、1年間に1万以上の国際共著論文を発表した国だけが載っています。1998年にはOECD加盟国とロシアしかありませんでしたが、2011年にはほぼすべてのOECD加盟国のほか、新興経済諸国も登場してお

図 5 - 7　国際共同研究に従事する企業の割合、企業規模別(2008 - 10年)

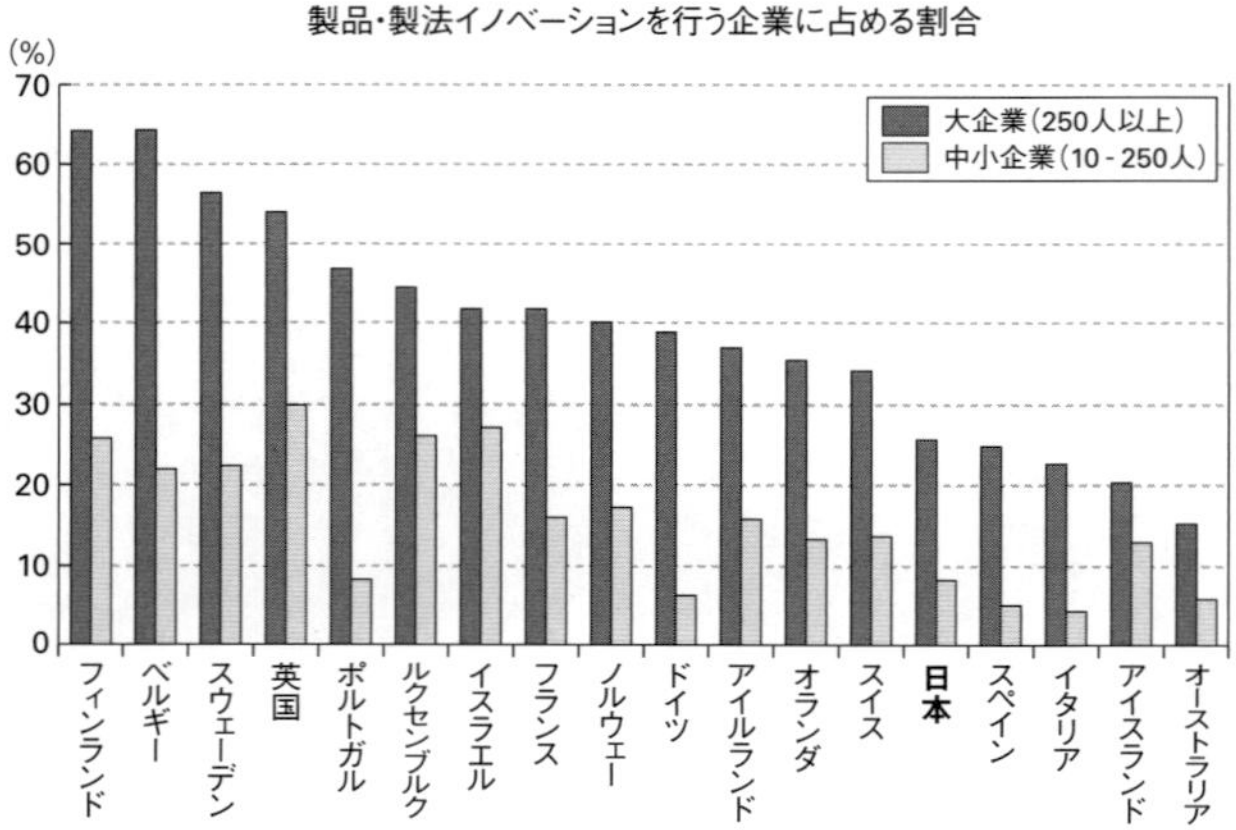

出典：OECD (2013), OECD Science, Technology and Industry Scoreboard 2013: Innovation for Growth, OECD Publishing, Paris.
DOI: http://dx.doi.org/10.1787/sti_scoreboard-2013-en

Statlink:http://dx.doi.org/10.1787/888932891416

り、しかも米国ほか欧米諸国との共同研究が非常に進んでいることがわかります。その中にあって、日本と他の国々との結びつきは弱いように見えます。

図5 - 6は、製品・製法におけるイノベーション企業のうち、国内でのみ共同研究を行っている企業の割合と、国際的な共同研究を行っている企業の割合を示したものです。日本では国際協力によるイノベーションを行っている企業の割合が、国内での協力に比べて非常に低いことがわかります。これは国内に有力な協力相手が存在するということでもあ

りますが、逆にグローバルな最新技術を持っている可能性のある海外のパートナーとの人的交流などが極めて弱いことを示しています。

図5－7は企業規模別の国際共同研究に従事しているイノベーション企業の割合です。主要先進国と比較すると、日本企業のグローバルな研究開発への取り組みは遅れていることがわかります。中小企業も積極的に東南アジアなどに進出している例はありますが、それでもこのようにデータで見ると、さらに遅れていると言えます。

＊海外直接投資を誘致する

日本に投資することで、外資系企業は大規模な国内市場、スキルレベルの高い労働者、アジアへの足がかり、低コストの資本、ハイテクを持つパートナーと協働する機会などのメリットを享受できます。これらの要素があるために、日本はＵＮＣＴＡＤ（国連貿易開発会議）が発表した「外国からの直接投資を受けるポテンシャル・インデックス」で、世界10位につけています。

それにもかかわらず、海外から日本への直接投資は２００８年以降、ずっとＧＤＰの４％を下回っています。これはＯＥＣＤ加盟国中最も低い割合です。さらに、日本から海外への

図5-8　海外直接投資（ストック）

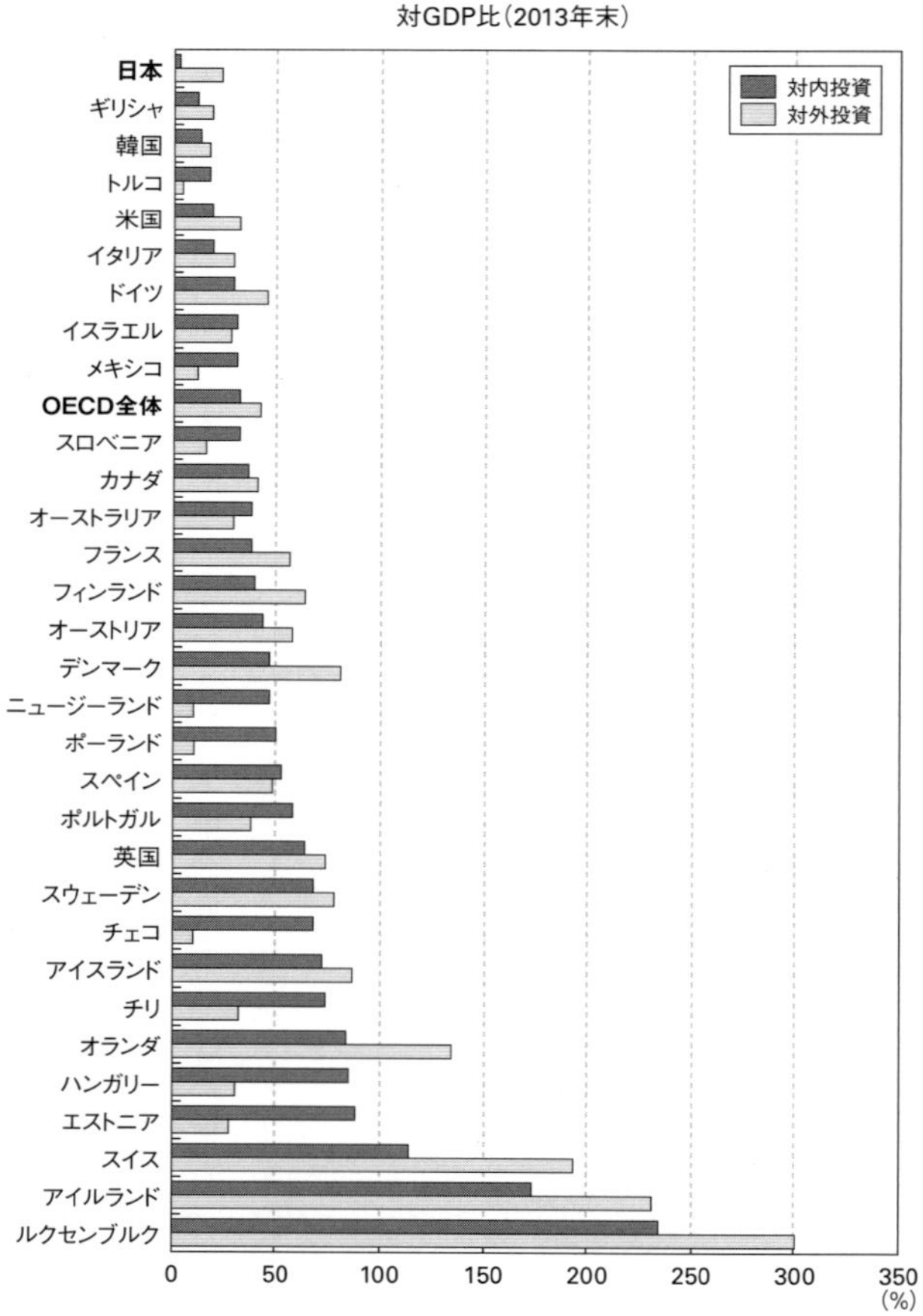

出典：OECD.（2014），OECD International Direct Investment Statistics 2014, OECD Publishing, Paris.

DOI: http://dx.doi.org/10.1787/idis-2014-en

直接投資のストックも、わずか23％程度にとどまっています（図5－8）。他のG7諸国（米国、英国、フランス、ドイツ、イタリア、カナダ）の割合は80％を超えるところもありますから、これは相当低いことがわかります。

この一因は、日本の貿易と投資に対する障壁の高さにあります。例えば法人税率の高さ、M&Aが起こりにくい制度、コーポレートガバナンスの導入の遅れ、言葉や文化の壁、労働市場における流動性の欠如、外国人労働者に対する規制などが考えられます。

日本企業が事業内容や人事体制などをグローバル化することにより、イノベーションをもっと拡散しやすい環境を整えていくことが重要であると同時に、海外直接投資を誘致することで、日本経済がグローバル・バリューチェーンに深く関わることが大切です。

＊日本企業の大半は「古い企業」

先にも述べたとおり、イノベーションの拡散メカニズムが機能するためには、市場への新規参入障壁を取り除くと同時に、弱体企業には市場撤退を促すことで経済の新陳代謝を高めることが必要です。

図5－9を見ると、いかに日本企業の新陳代謝が進んでいないかがわかります。8割近い

図5-9　小規模企業の操業年数別割合

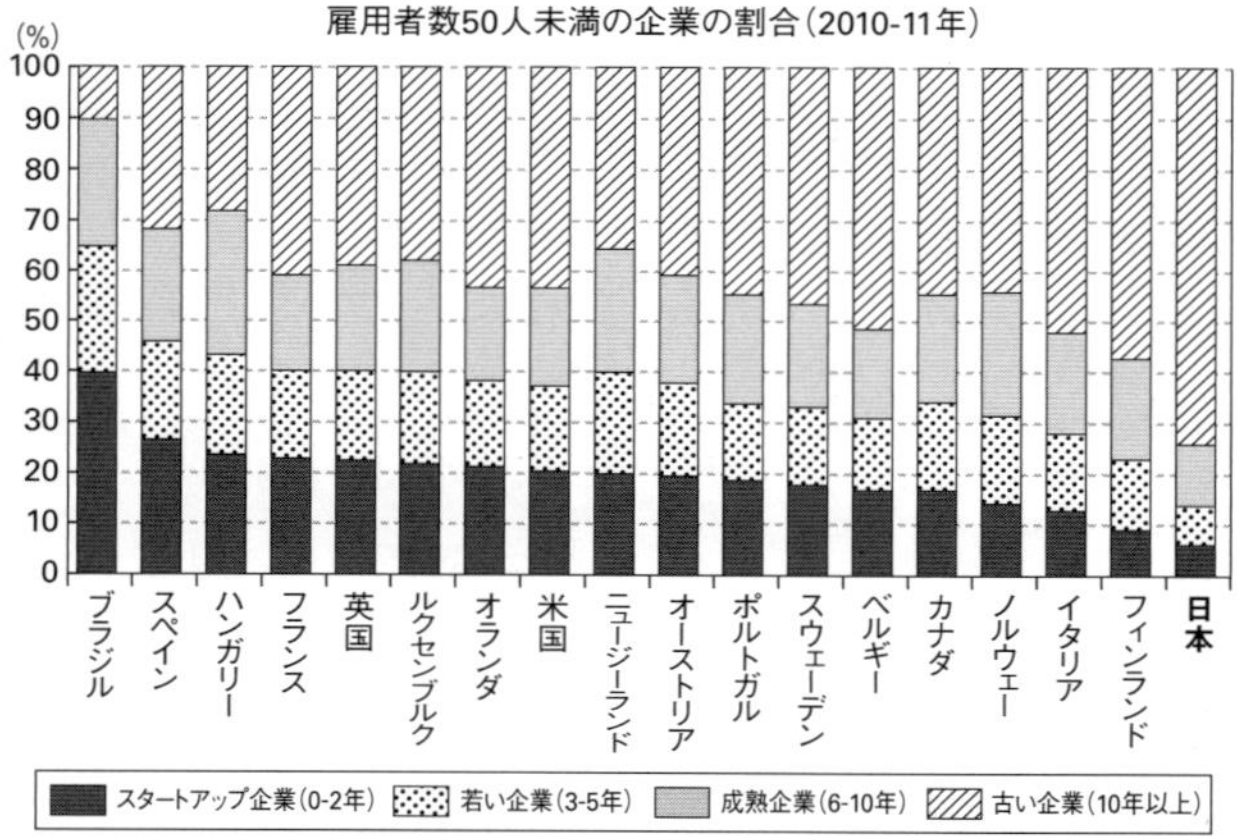

出典：Criscuolo, C., P. N. Gal and C. Menon (2014), "The Dynamics of Employment Growth: New Evidence from 18 Countries", OECD Science, Technology and Industry Policy Papers, No. 14, OECD Publishing.

DOI: http://dx.doi.org/10.1787/5jz417hj6hg6-en

Statlink: http://dx.doi.org/10.1787/888933201819

中小企業が創業10年以上となっており、起業後に大きく事業展開を拡張することなく、市場から撤退もせず、長期にわたり小規模のまま市場に存在する企業が多いという状況を表しています。

　実際に日本の開業率・廃業率は5％以下にとどまっています。アメリカ、イギリスはいずれも10％程度です。その結果、日本の小規模企業の大半を古い企業が占めるという、ダイナミズムに欠けた状況が生まれているのです。安倍内閣が掲げる「日本再興戦略2016」は、この開業率・廃業率を10％に引き上げて、

図5-10　企業の雇用ダイナミズム

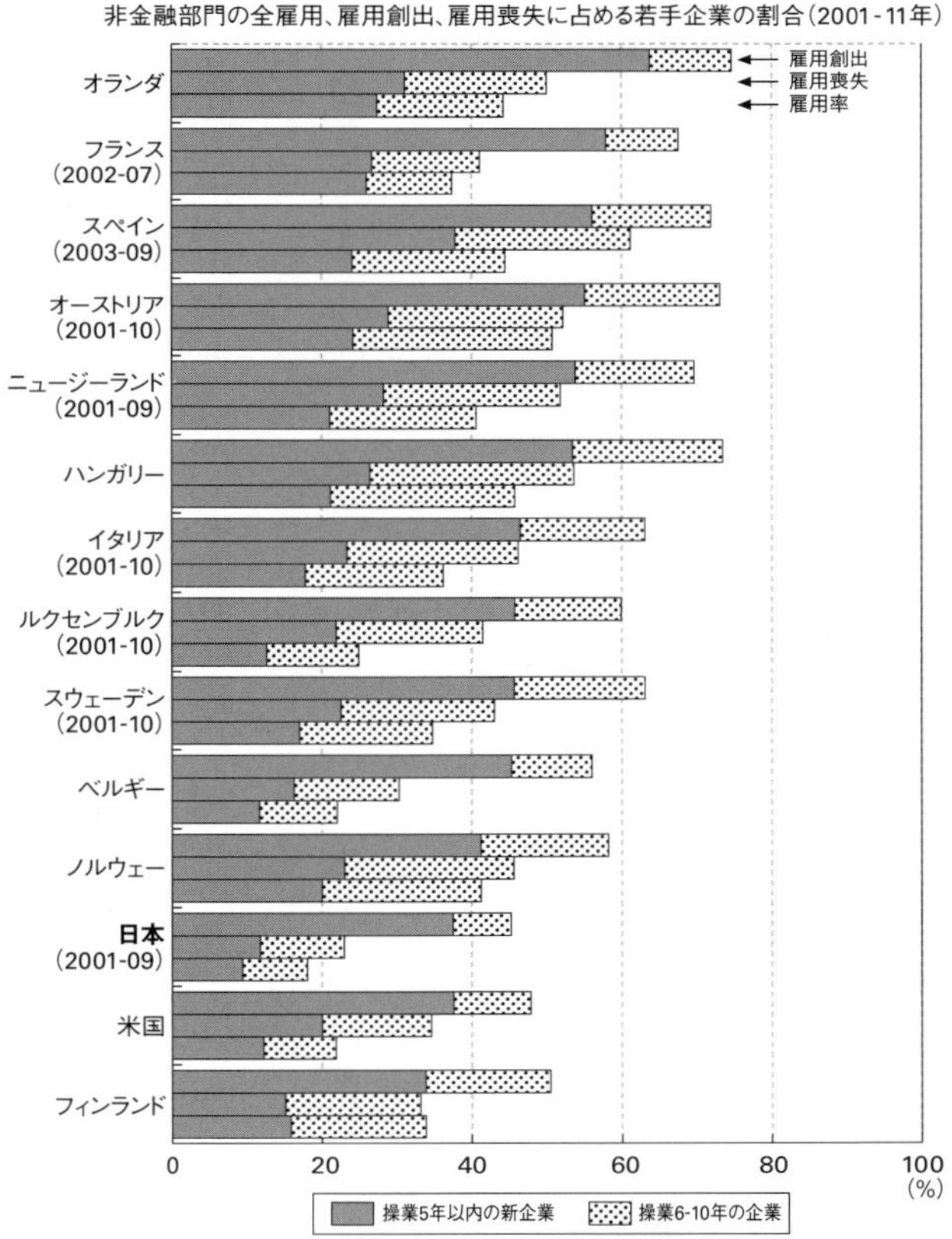

出典：OECD(2013), OECD Science, Technology and Industry Scoreboard 2013: Innovation for Growth, OECD Publishing, Paris.
DOI: http://dx.doi.org/10.1787/sti_scoreboard-2013-en
Statlink: http://dx.doi.org/10.1787/888932892917

「稼ぐ力」を高めることを目標に掲げています。このような経済の新陳代謝は、労働者の流動性にも密接に関係しています。転職しやすい環境をつくることは、新たなビジネス創出を後押しすることにもなるからです。

日本の企業では中小企業が企業全体の99・7％、雇用の70％を占め、付加価値の50％以上を創出しています（2012年）。サービス部門の中核をなし、製造業の供給網においても重要な役割を果たしており、「日本製品の信頼は、中小企業の底力が支えている」と言われています（注3）。

しかし、1990年代から2000年代にかけて、中小企業は生産性と利益率の低さに苦しんできました。中小企業の負債資本比率は300％を超えており、そのことが経済の停滞といったショックに対して脆弱である原因となっています。一方で、純利益率は1・5％足らずです（大企業では6・8％）。2012年度に1億円未満の資本を有する企業で、利益を上げたところは3分の1以下でした。

中小企業は資産に乏しく、銀行からの融資を受けづらいため、多くが資金難という課題を抱えています。銀行も、倒産率が大企業に比べて高い中小企業には資金を貸すことを躊躇します。しかしそれでも、日本の中小企業の民間銀行からの借り入れは全企業の借り入れ全体

図５-11　全企業の銀行借り入れに占める中小企業の割合

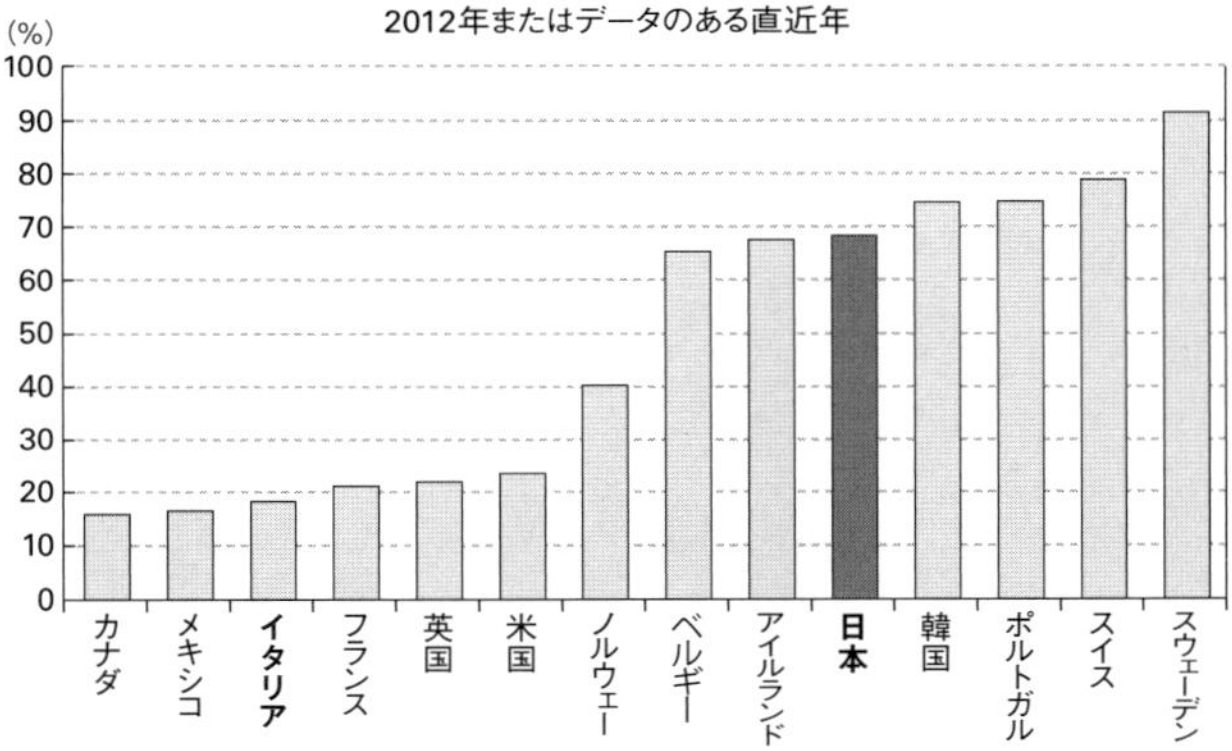

出典：OECD (2013), Entrepreneurship at a Glance 2013, OECD Publishing, Paris.
DOI: http://dx.doi.org/10.1787/entrepreneur_aag-2013-en

Statlink: http://dx.doi.org/10.1787/888933202201

図５-12　政府の中小企業向け借入保証（2014年）

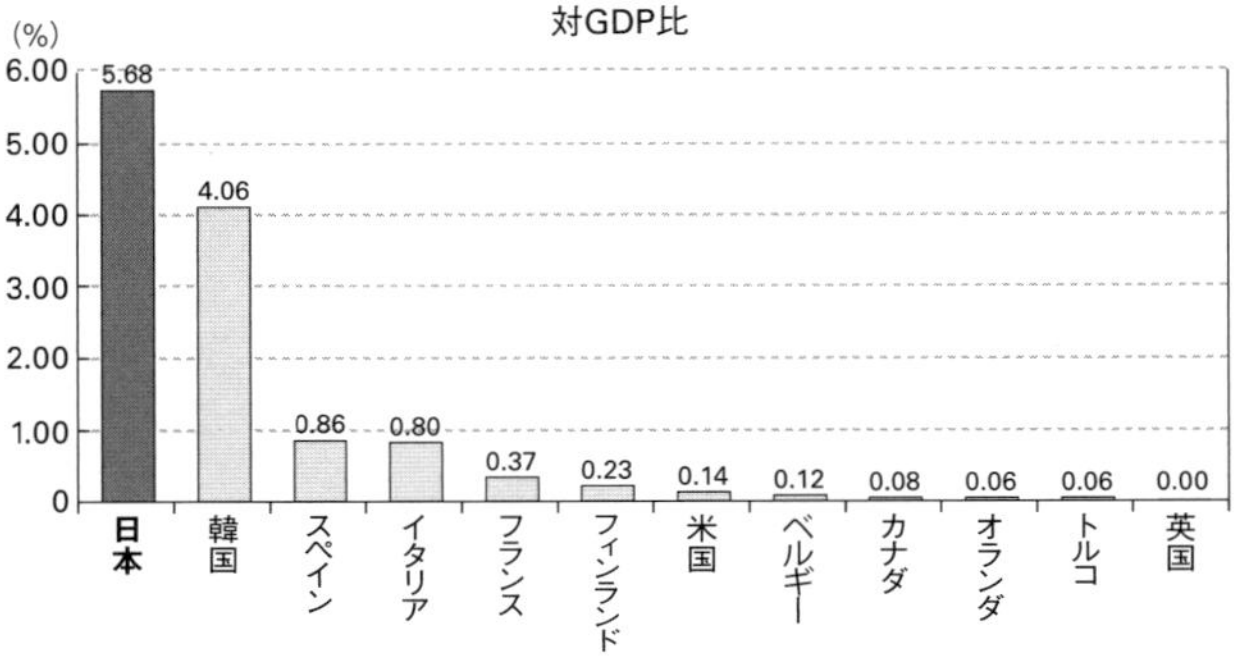

注：ベルギーとオランダのデータは 2013年。
出典：OECD. (2016), Financing SMEs and Entrepreneurs 2016: An OECD Scoreboard, OECD Publishing, Paris.
DOI: http://dx.doi.org/10.1787/fin_sme_ent-2016-en

Statlink: http://dx.doi.org/10.1787/888933330813

の68％を占め、他のＯＥＣＤ加盟国と比較すると高いレベルを示しています。（図５‐11）。政府は様々なチャネルを通じて中小企業への資金支援を行っています。日本政策金融公庫は中規模、小規模企業に向けた融資を行っており、それぞれ４・７万社、95・８万社が融資を受けています（２０１３年３月）。また、同公庫は商工組合中央金庫を通じて間接金融を行っており、両方を合わせて中小企業向け融資の約９％近くを占めています。残る91％は都市銀行、地方銀行、信用金庫、信用組合から融資されています。中小企業向け借入保証の対ＧＤＰ比は６％近くと、世界でも飛びぬけて高い水準となっています（図５‐12）。

このような政府の介入は、市場の原理に基づく金融メカニズムを阻害するという副作用が指摘されています。また、生産性の低い企業が市場から退出せず、産業の再編成が遅れることになります。政府による融資で生き残った不採算企業が、生産性の高い企業への資源の再配分を妨げることになっているのです。

生産性の高い企業が市場に参入し、低採算、非効率な企業は市場から退出することが、イノベーションを拡散させるために必要不可欠です。しかし、政府の中小企業への手厚い保護とは対照的に、スタートアップ企業に対する民間投資は、欧米と比較すると低い額にとどまっています。いわゆるリスクマネーを提供するベンチャーキャピタルの対ＧＤＰ比で、日本

図 5 - 13　ベンチャーキャピタルの対GDP比（2013年）

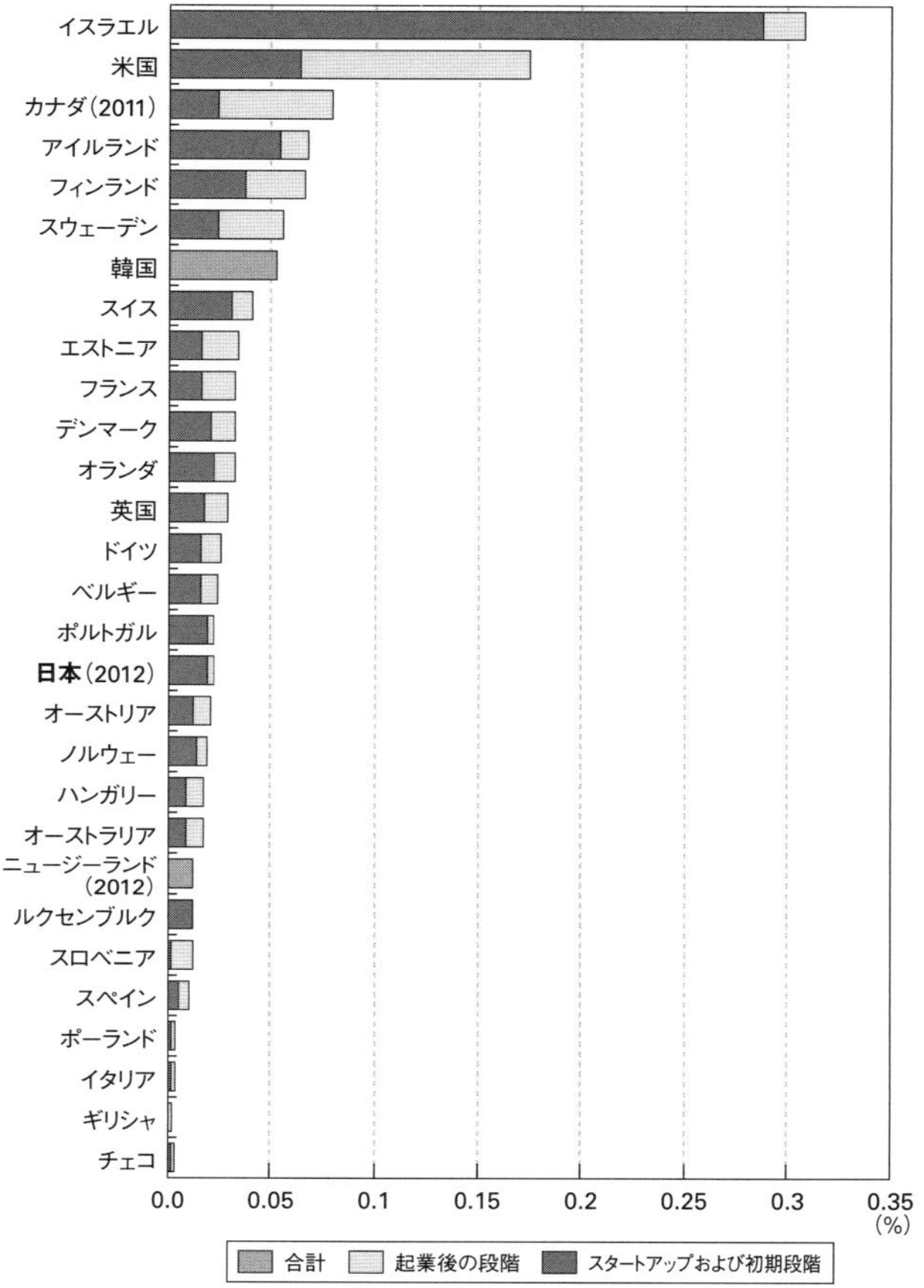

出典：OECD. (2014), Entrepreneurship at a Glance 2014, OECD Publishing, Paris.
DOI: http://dx.doi.org/10.1787/entrepreneur_aag-2014-en

Statlink: http://dx.doi.org/10.1787/888933064734

はアメリカの約2割、韓国の約半分のレベルにとどまっており（図5－13）、いかに新しいビジネスに必要な資金調達が困難かということが示されています。

（注3）経済産業省中小企業庁［２０１３］「日本の中小企業・小規模事業者政策」http://www.chusho.meti.go.jp/soshiki/130808seisaku.pdf

＊日本の競争力を妨げる強い規制

経済のグローバル化や市場の新陳代謝がイノベーション拡散に必要なのは、それが健全な競争を促進するからです。競争があることで、企業はイノベーションを行い、新たな市場を開拓し、競争相手に対する優位性を獲得しようとします。製品市場規制が少ないほど、市場への新規参入が増え、国内外からの知識の普及が効果的に進み、イノベーションへの民間投資も増えるというメリットがあります。

反対に、規制が強いと生産性が下がるという研究もあります。規制が弱いと新たなアイデアを実現に移すための資源を補充しやすくなり、それがより速く生産性の伸びにつながり、成果を出すことができます。さらに、市場規制が減ることで特許活動にもプラスの影響があります。健全な競争を促進するために、知的財産保護などに必要な規制も多数存在します。

図5-14　製品市場規制の強さ（2013年）

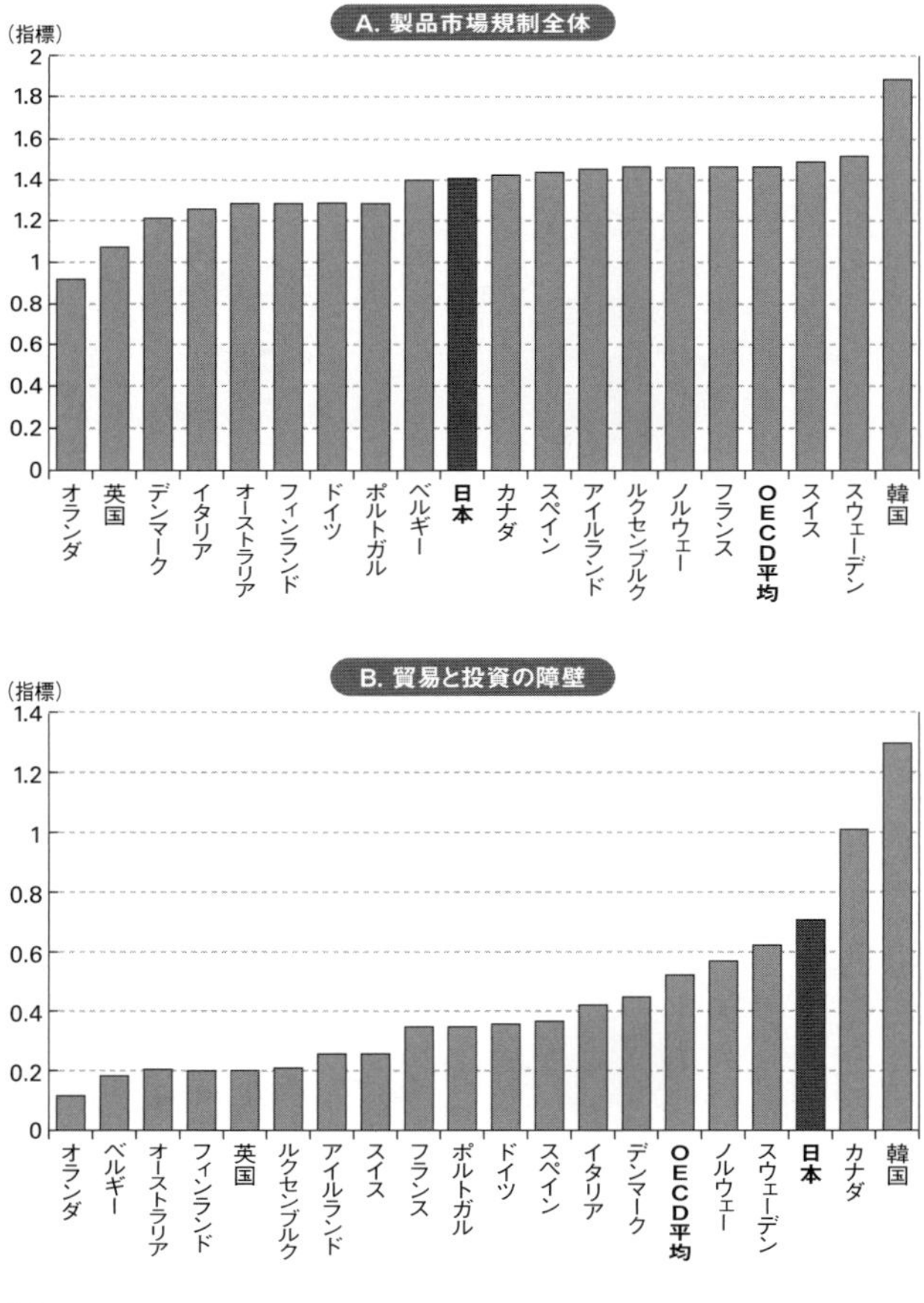

出典：OECD (2015), OECD Economic Surveys: Japan 2015, OECD Publishing, Paris.
DOI: http://dx.doi.org/10.1787/eco_surveys-jpn-2015-en
Statlink: http://dx.doi.org/10.1787/888933202107

図5-15　サービス分野別・政策分野別のサービス貿易制限指標（2015年）

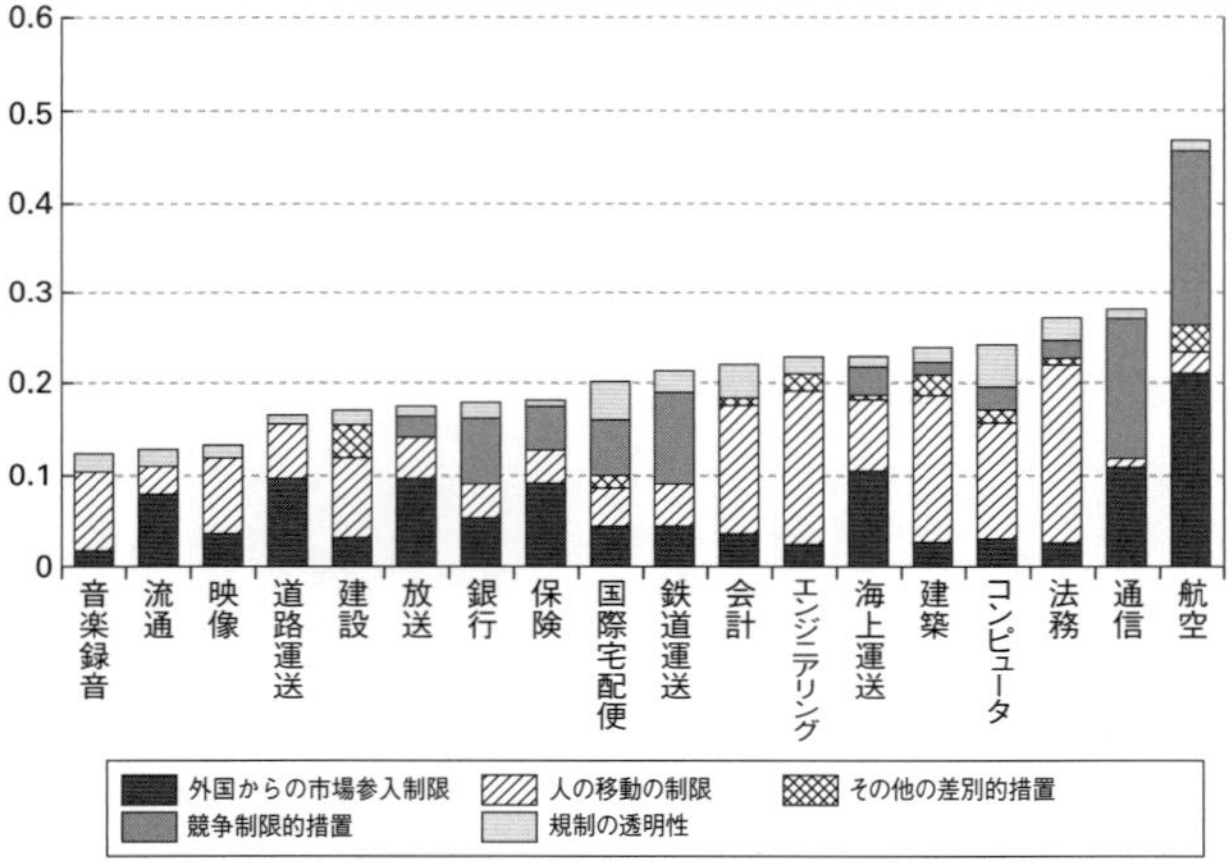

出典："Services Trade Restrictiveness Index" on OECD.Stat: http://stats.oecd.org/Index.aspx?DataSetCode=STRI（2015年9月17日抽出）

一方、既得権層を保護し、自由競争を防御するような規制は改定していく必要があります。

図5-14は、製品市場規制と貿易投資障壁の強さを指標で表したものです。日本の製品市場規制の強さは1・4で、OECD平均を若干下回っていますが、主要先進諸国と比較するとかなり強いことがわかります。

2013年に成立した産業競争力強化法でも、過剰な規制が日本の競争力を妨げる歪みの一つだとされています。国際貿易と投資に対する障壁を緩和することは、知識の普及と国境を越えた技術移転の見通しを広げ、イノベーションを促進

図5-16　世界の製造業付加価値に占める割合

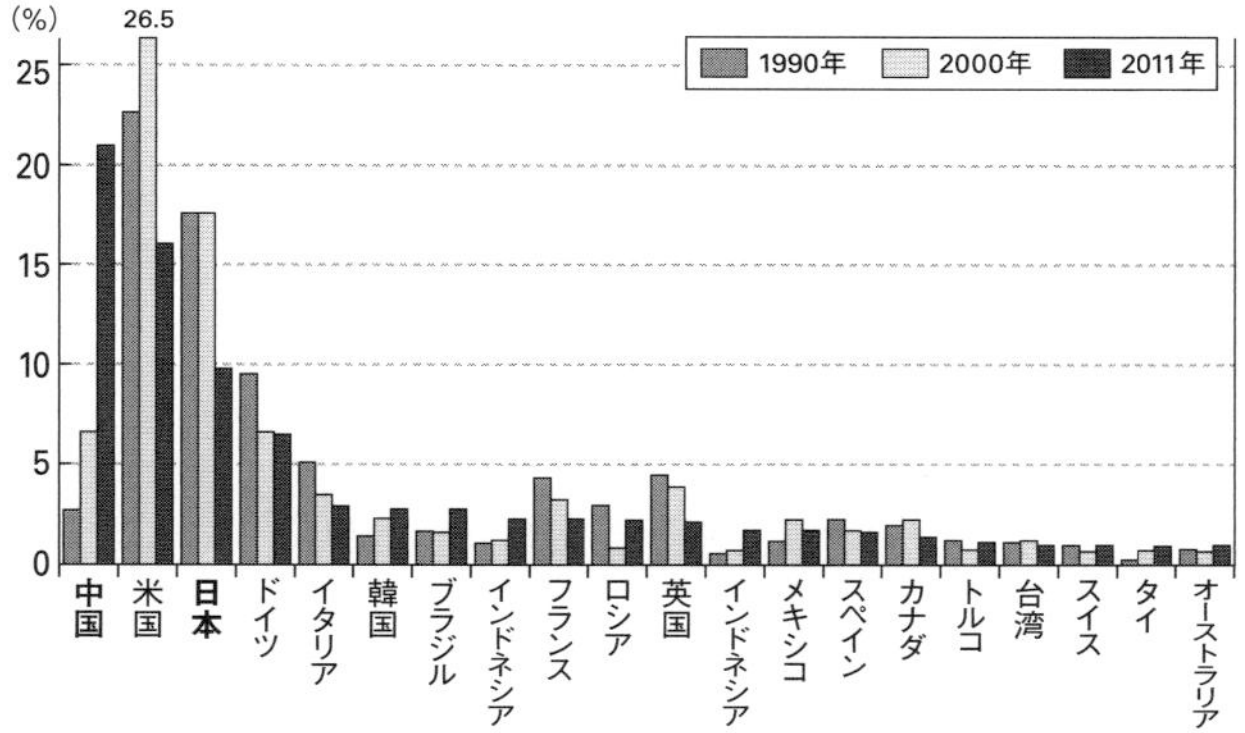

注1　カナダの2011年のデータは、2009年までの公式の時価ベース付加価値統計からOECD事務局が推計している。
注2　中国の2011年のデータは国連統計局の推計に基づき、2011年に公表された産業付加価値総額に対する2008年から2010年の製造業付加価値割合の平均を適用して算出している。

出典：OECD(2013), OECD Science, Technology and Industry Scoreboard 2013: Innovation for Growth, OECD Publishing, Paris.
DOI: http://dx.doi.org/10.1787/sti_scoreboard-2013-en

Statlink: http://dx.doi.org/10.1787/888932890048

します。それは財とサービスに埋め込まれる形で、あるいはアイデアを移転する投資を通じて行われます。

図5-15はサービス分野別の貿易制限指標です。サービス貿易はアイデアやノウハウ、技術の交換を促進するもので、サービス貿易が進むと企業はコストを削減し、生産性を高め、グローバル・バリューチェーンに参加して競争力を高めることができます。また消費者は、より低価格でより多くの選択肢を得られるようになります。

日本ではこの指標に載っている18

のサービス部門のうち、13部門でＯＥＣＤ平均より規制が厳しいと示されています。

＊鍵を握るのはサービス部門

製造業よりサービス業のほうが規制が多く、競争環境も比較的緩慢なことが、イノベーションの拡散を阻止している可能性は考えられます。特にグローバル環境での競争が、製造業とサービス業にどのような影響をもたらしているのかを見てみましょう。

前ページの図5‐16は、世界全体の製造業の付加価値に占める各国の割合が、１９９０年以降どのように変化したかを表したものです。

過去20年間で、製造業のグローバル化と新興経済国の台頭が同時に進みました。１９９０年初頭には、Ｇ７諸国が世界の製造業付加価値の3分の2を占めていましたが、２０１０年以降は4割に減少しています。２０１０年には中国が米国を抜いて付加価値ベースで世界トップの製造大国になりました。ブラジル、インドネシア、韓国もフランスと英国をわずかに上回りました。

ただ、製品輸出の付加価値ベースで見ると、米国のほうが中国をいまだ上回っており、また日本も、付加価値ベースの製品輸出額では世界で高いシェアを維持しています。これは、高付加価値部品の輸出が他国からの輸出にも含まれていることによるもので、今も日本の製造業の技術が、多くの分野で世界の先端を行っていることを表しています。

次ページの図5‐17は、日本の製造業の長期的な傾向を示したものです。日本では、世界の輸出市場における日本の占有率が下がるにつれて、産業の空洞化を恐れる世論が繰り返し起こりました。しかし、パネルAからわかるように、製造業の付加価値は名目ベースでは下がっていますが、実質ベースでは１９７０年以降ほぼ一貫して増えています。名目値ベースで製造業の付加価値が下がっているのは、過去40年間で急速に生産性が上がったことによって、製品価格が相対的に下落したことを反映しているためです。

ここで重要な指標として、全要素生産性（ＴＦＰ）の傾向を見てみましょう。ＴＦＰは、特にイノベーションによる生産性の動向を表しています。パネルＢにあるように、製造業ＴＦＰは経済全体のそれよりも77％も増えています。ＴＦＰが急速に増えたため、労働力を含め、製造業に割り当てられる要素投入量は大幅に減少しました。

また、名目ＧＤＰに占める製造業の付加価値の下落には、需要が製品からサービスへと移行したこと、また低コスト環境を求めて企業が工場などを海外に移転したことが要因として挙げられます。

図5-17　日本の製造部門の長期傾向

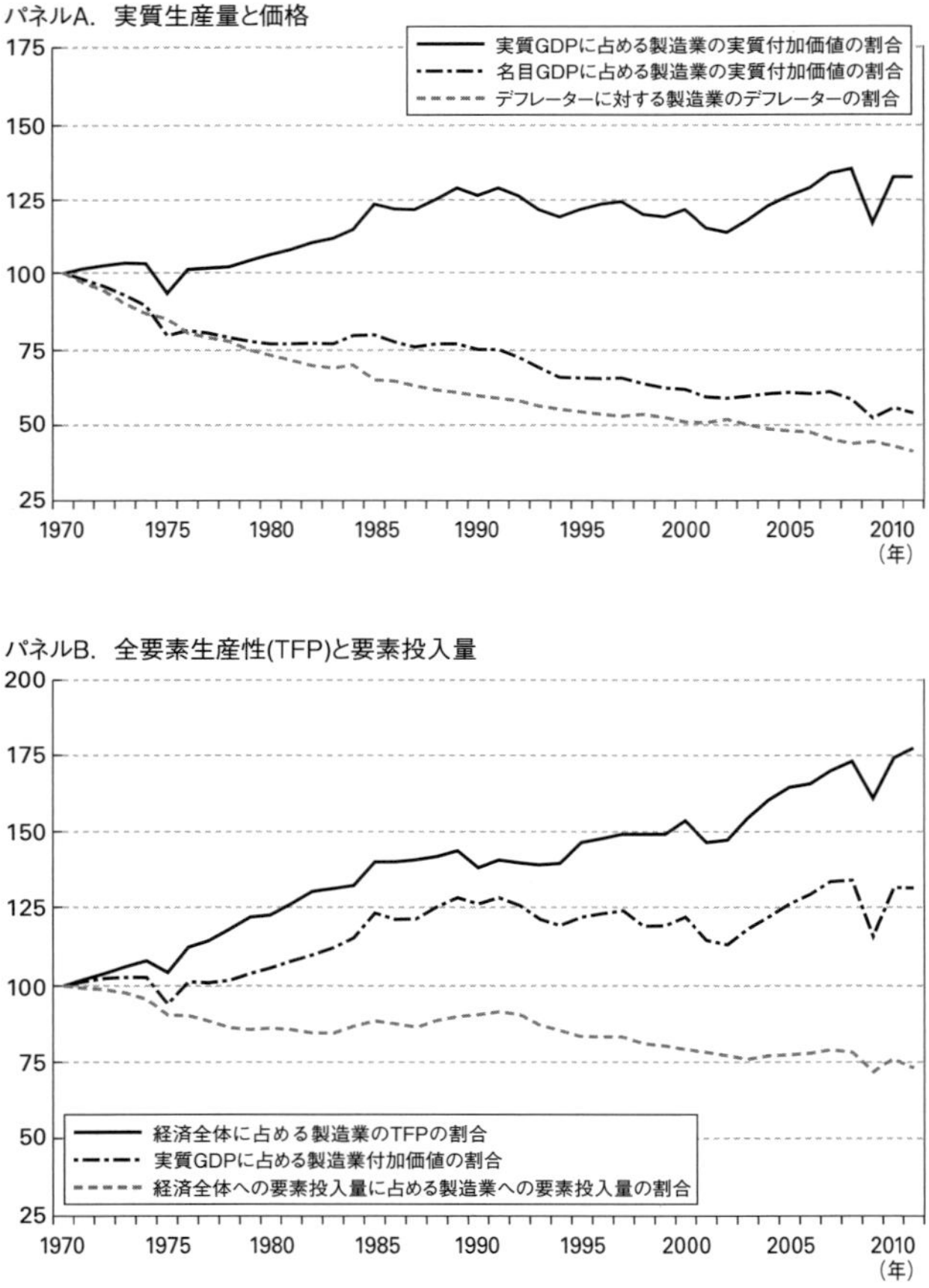

出典：OECD (2015), OECD Economic Surveys: Japan 2015, OECD Publishing, Paris.
DOI: http://dx.doi.org/10.1787/eco_surveys-jpn-2015-en

Statlink: http://dx.doi.org/10.1787/888933202029

図5-18　製造業とサービス業の非製造業の生産性ギャップ

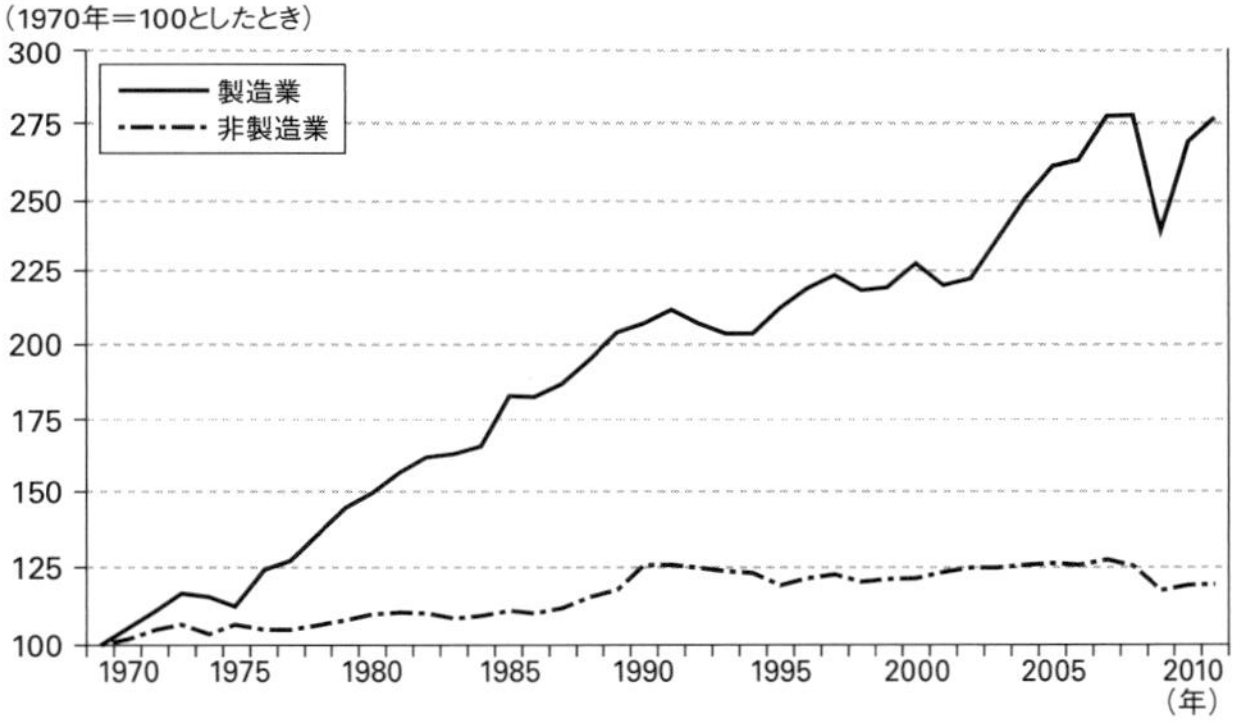

出典：OECD (2015), OECD Economic Surveys: Japan 2015, OECD Publishing, Paris.
DOI: http://dx.doi.org/10.1787/eco_surveys-jpn-2015-en
Statlink: http://dx.doi.org/10.1787/888933202042

現在、日本の対外直接投資の割合の対GDP比は23％で、OECD平均と同じくらいです。産業空洞化はOECDの先進諸国全体で見られる傾向です。労働投入という点では、雇用全体に占める製造業の割合は1994年の21％から、2013年には15％まで下落しています。産業空洞化にはいくつもの不都合な効果がありますが、日本企業のグローバル化を妨げる措置は、経済成長を妨げるだけです。実際、対外投資は海外の需要を捉える手段です。そして、グローバル・バリューチェーンに食い込むための有効な手段です。

産業空洞化よりも日本にとって深刻な問題は、非製造業のTFPが1991年以降伸びていないことです（図5-18）。これはサー

図5-19　サービス業が占める割合

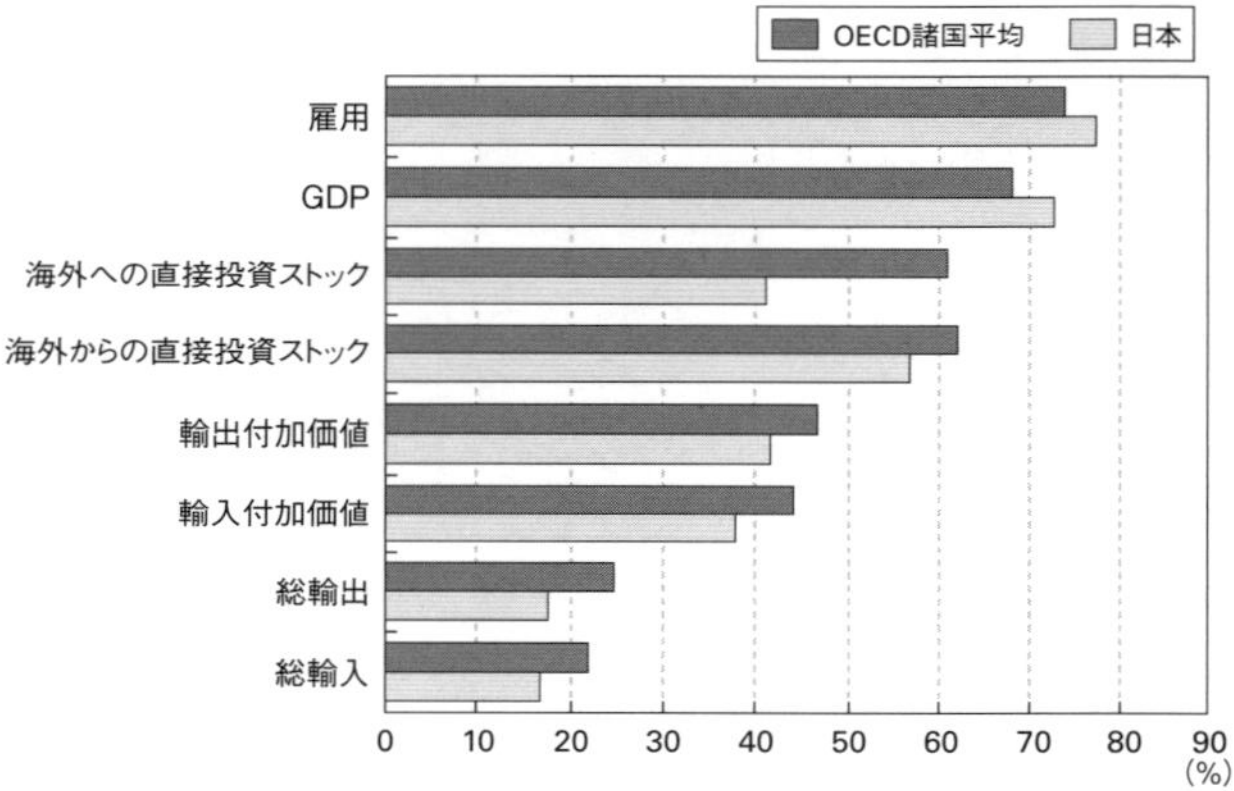

出典：OECD Service Trade Restrictiveness Index, http://www.compareyourcountry.org/service-trade-restrictions?cr=average&cr1=oecd&lg=en&page=0#

ビス部門における自由競争が充分でなく、R&D（研究開発）などの企業の投資が少ないことも反映されています。日本のサービス部門の企業R&Dはわずか9%で、OECD平均の38%と比較しても大幅に下回っています。つまり、グローバル市場に参入することで、イノベーションを起こしながら外国企業との競争力をつけていった日本の製造業と比較して、サービス業ではイノベーションが生産性に貢献していないということになります。サービス部門のTFPを上げるには、規制緩和を進め、企業に内部留保されている膨大な企業資金を国際競争に打ち勝つための投資に使うことが重要です。

日本のサービス業は、製造業と比べてTF

Pが非常に低いのですが、日本全体の輸出の17・6％、付加価値ベースで見ると約42％を占めています（図5‐19）。これは日本の財の輸出が、サービス業に依存していることを表しています。したがって、サービス業において生産性を改善していくことは、日本の産業部門全体の競争力強化に不可欠です。国際比較すると、日本のサービス部門の輸出寄与度はOECD平均よりかなり低い状態です。日本はサービス市場、特に運輸交通、通信部門の競争を拡大する改革を優先することで、イノベーションを喚起し、経済の効率を大幅に改善できる余地を残しているのです。

＊スマイルカーブの変化

図5‐20は、企業が行う経済活動のどの部分で付加価値が生み出されているかを図示したもので、スマイルカーブと呼ばれます。横軸は左から右へ向かってある商品・サービスが生み出される過程を表しており、縦軸は、それぞれの活動がどのくらいの付加価値を生み出しているかを表しています。この図では実線が１９７０年代のバリューチェーンを、点線が2000年代のバリューチェーンを表しています。

１９７０年代には、一連の経済活動の中で製造部門から創出されている付加価値の総利益

図5-20　バリューチェーンにおける価値創造が描くスマイルカーブ

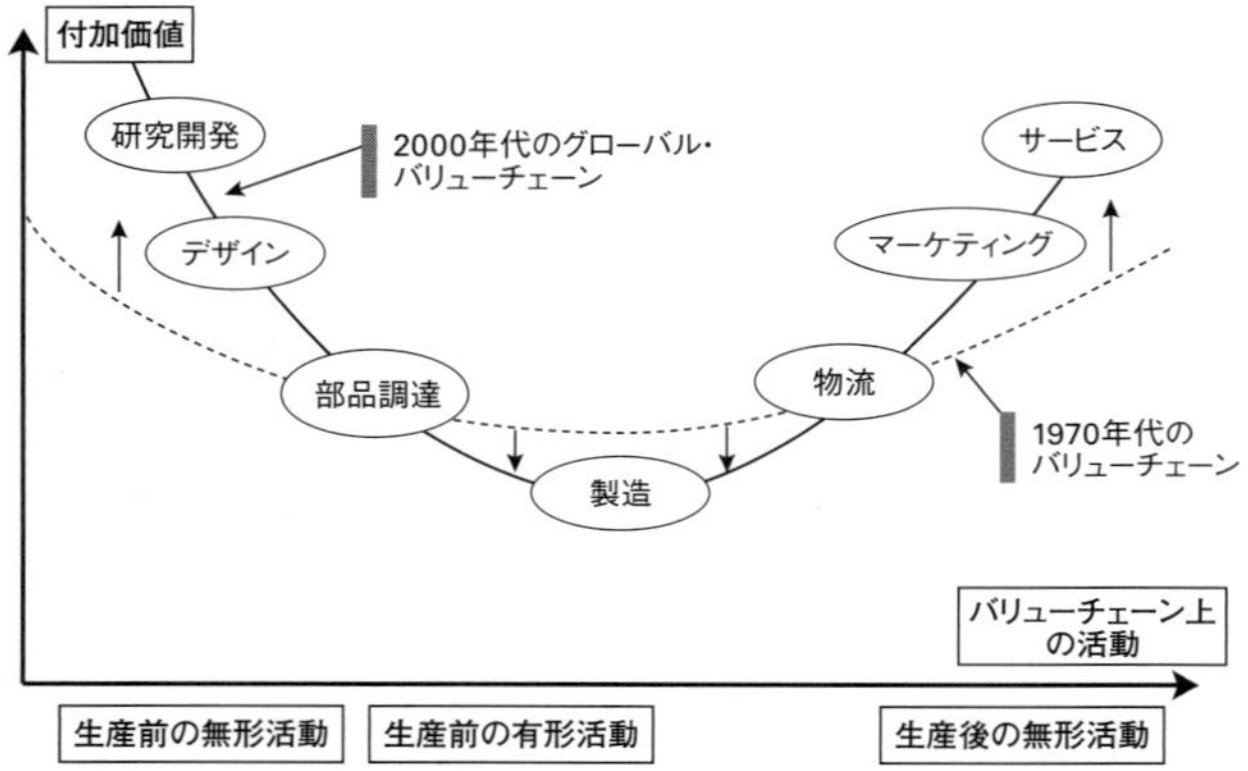

出典：OECD

が、他の部門と比較してそれほど低くありませんでした。開発から製造、マーケティング、サービスまでの全体で、ある程度の付加価値が生み出されました。特に製造部門は、量産することで価値を生み出すことができたのです。

それが2000年代に入っていわゆるIT革命が起こると、経済活動の中で研究活動とデザイン、そしてマーケティング、サービスの部分がより高い価値を生み出すようになり、相対的に製造部門が生み出す付加価値が下がりました。経済発展が量から質に移ったとも言えます。

このスマイルカーブは、製造部門が付加価値を生み出さなくなったという意味ではありません。研究開発やサービスなど、両側にある部門の生み出す価値が相対的に上がったということです。付加価値とは、技術・技能と知恵の積み重ねです。そしてそれが競争力になります。

特許の数でもわかるように、日本の企業は世界最先端の技術を多く持っています。そういった次世代技術の研究開発が可能なのは、これまで数十年にわたって技術を蓄積し、経験を培《つちか》ってきた製造部門があるからです。研究開発やマーケティングなどの部門は、豊富な経験を持つ製造部門の上に立脚しているという見方ができるのです。

日本の多くの製造業は、長い時間をかけて量産品の部品加工などから試作品の作成に進み、みずから研究開発を行いながら発展していきました。家電も自動車も日本国内で開発し、試作し、量産して大量生産の工程管理を確立し、マニュアルをつくり、そこで海外に持っていって現地生産をしてきました。そして多くの場合、重要部品は日本から輸出しています。その経験と最先端技術こそが、新興経済諸国にはない、技術立国と言われる日本の強みです。

しかし、日本が得意とする「カイゼン型イノベーション」だけでは成長の突破力につながらないという状況が、２０００年以降明らかになってきました。既存のビジネスモデルからの完全脱却を必要とする「破壊的イノベーション」の台頭により、迅速な経営判断とリスクを正確に把握する能力が、企業に求められるようになっているのです。

例えば、デジタル技術やインターネットの普及により、書籍や音楽などのコンテンツビジネスは従来のビジネスモデルからの脱却を速やかに行うと同時に、過去の成功にとらわれない新たなビジネス・プラットフォームを構築しなければ、淘汰のリスクを避けられない状況になりました。

同じような波が、小売業界など数多くの産業に押し寄せています。ビッグデータの活用やＩｏＴの浸透に伴い、製造業とサービス業の境界線があいまいになり、ほぼ２次元のスマイルカーブを描いていた各部門間の関係が３次元的、より重層的になりました。代表的な製造業である重機メーカーなども、情報ネットワークと融合させた商品を開発し提供することで、ものづくりだけでなく、サービスプロバイダとしての付加価値を創出することが可能になるのです。

＊アップルにできて日本企業にはできなかったこと

イノベーションというと、技術的なブレークスルーと思われがちですが、なにも技術革新だけを表す言葉ではありません。すでに使われている技術の組み合わせを変えるだけで、まったく新しいサービスを生むこともできます。

よく知られている一例が、ネスレのエスプレッソマシン、「ネスプレッソ」です。コーヒー豆を挽いて粉にしたものを入れたカプセルをマシーンにセットするだけで、エスプレッソやカフェインレスコーヒーなど、カフェのように様々な種類のコーヒーを簡単に楽しめます。ここに使われている技術には先端的なものはありません。おしゃれなデザインとスタイリッシュなコマーシャル、そして、カフェに行くよりも安く自宅でコーヒーを楽しめるというアイデアで消費者の心をつかんだのです。まさに図5-20のスマイルカーブの両端にあるデザインとマーケティング、サービスの部分を体現した商品と言えます。

さらに、ネスカフェは「ネスカフェアンバサダー」というビジネスモデルも成功させました。「アンバサダー」と呼ばれるボランティアにコーヒーマシンを無償で貸与し、アンバサダーは自分で材料となるネスカフェを購入、職場で商品を提供してその代金を回収し、精算します。このコーヒーマシン自体、従来のインスタントコーヒーよりも格段に本格的なコーヒーが淹れられるという改良された技術が使われていますが、それ以上に注目すべきは、「消費者が一杯20円でおいしいコーヒーが飲めることを宣伝する」という仕組みです。無償であるにもかかわらず、アンバサダーになりたい人が続出し、現在では数万人もの人が承認待ちをしているそうです。さらに、このネスカフェアンバサダーはコーヒーショップやコンビニが少ない地方での比率が高くなっています。アンバサダーという新しいアイデアが、既存のコーヒーショップと競合しない新市場を開拓したと言えます（参考資料：「ビジネスモデルのつくり方」『週刊ダイヤモンド』２０１４年7月12日号）。

iPhoneも同じです。電話、音楽プレーヤー、カメラ、インターネットなど、一つひとつの機能は画期的な技術ではありません。iPhoneが世に出るはるか以前から、多くの日本のメーカー企業がすでにそれらの技術を有していました。アップルは、バラバラに存在していたそれらの技術を一つのプロダクトに統合し、こだわりぬいたデザインに仕上げ、徹底したブランド戦略を立ててマーケティングに力を注ぐことで、時代を変えるほどのイノベーションを巻き起こしました。日本企業には実現できず、アップルが実現したもの、それは、スマイルカーブ上のすべての部門を統合して、新たな価値を生み出すことなのです。

新たな価値を生み出す新たな発想、新たな気づきは、画一的な思考をする人々の集まりからは生まれにくいものです。前章まで述べたような多様な経歴、価値観を持つ人材が生み出す発想を経営に活かすことが、企業競争力につながるのです。

＊イノベーション拡散に必要な労働流動性

イノベーションの規模を拡大するためには、労働力をはじめとした様々な資源を、それを必要とする部門や企業に絶えず再配分する必要があります。

日本では社員は会社の家族のように考えられてきましたので、経営状態が悪化して解雇が増えると、その会社は冷酷だという社会的批判にさらされることがあります。しかし、労働者は社会経済の貴重な有限資源だという見方をすれば、その資源を必要としているところへ再配分することは、社会全体の利益につながるはずです。技術の変化が急速な産業では、特に柔軟な人事配置が重要です。限られた資源である人材が一定の企業にとどまっていると、必要としている企業に配分されなくなってしまうのです。

日本では正規雇用者に対する保護が強いことが、非正規労働者（定期雇用、派遣雇用、パートタイム）の増加につながっています。非正規雇用によって、労働力の柔軟性を確保し、正規雇用者の解雇を避けているという側面があります。政府も「日本再興戦略２０１６」で、「失業なき労働移動の実現／マッチング機能の強化」などを掲げています。この目標の達成には、政府が正規雇用者への雇用保護を削減しつつ、同時に職業訓練の機会を拡充すること

図5-21　起業に対するイメージ

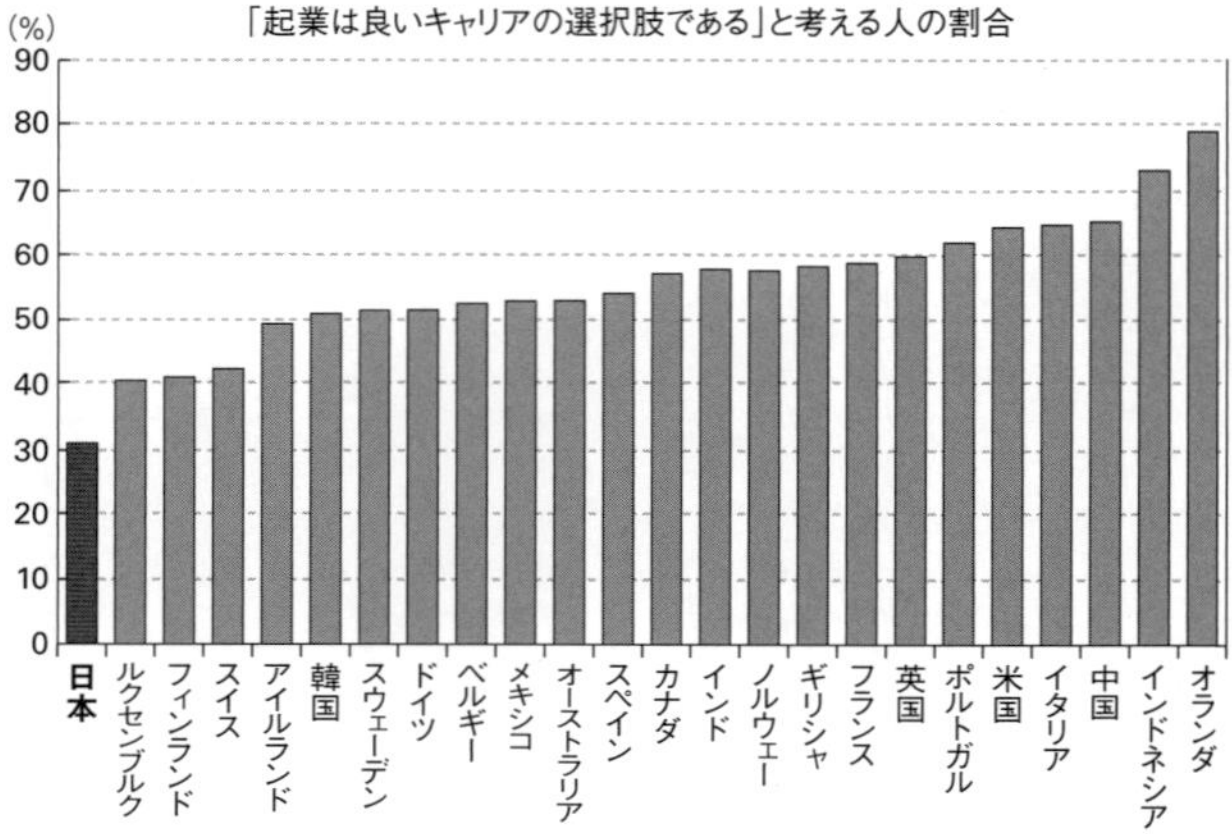

出典：OECD (2015), Entrepreneurship at a Glance 2015, OECD Publishing, Paris.
DOI: http://dx.doi.org/10.1787/entrepreneur_aag-2015-en

Statlink: http://dx.doi.org/10.1787/888933231376

が必要です。これによってイノベーションが盛んな部門で研究開発投資が増え、また人材を得ることができるでしょう。

＊起業は生産性向上の源

日本人は実はクリエイティブで、イノベーションにつながるアイデアをたくさん生み出しています。しかし、生産性の向上に最も必要なイノベーションの種を、特許という形で具現化できていても、それをビジネスにつなげていくためには、起業をすることが必要です。

図5-21と図5-22は、人々の起業に対する認識、イメージを表したものです。日本では起業にチャンスを見いだしてい

図5-22　起業についての意識

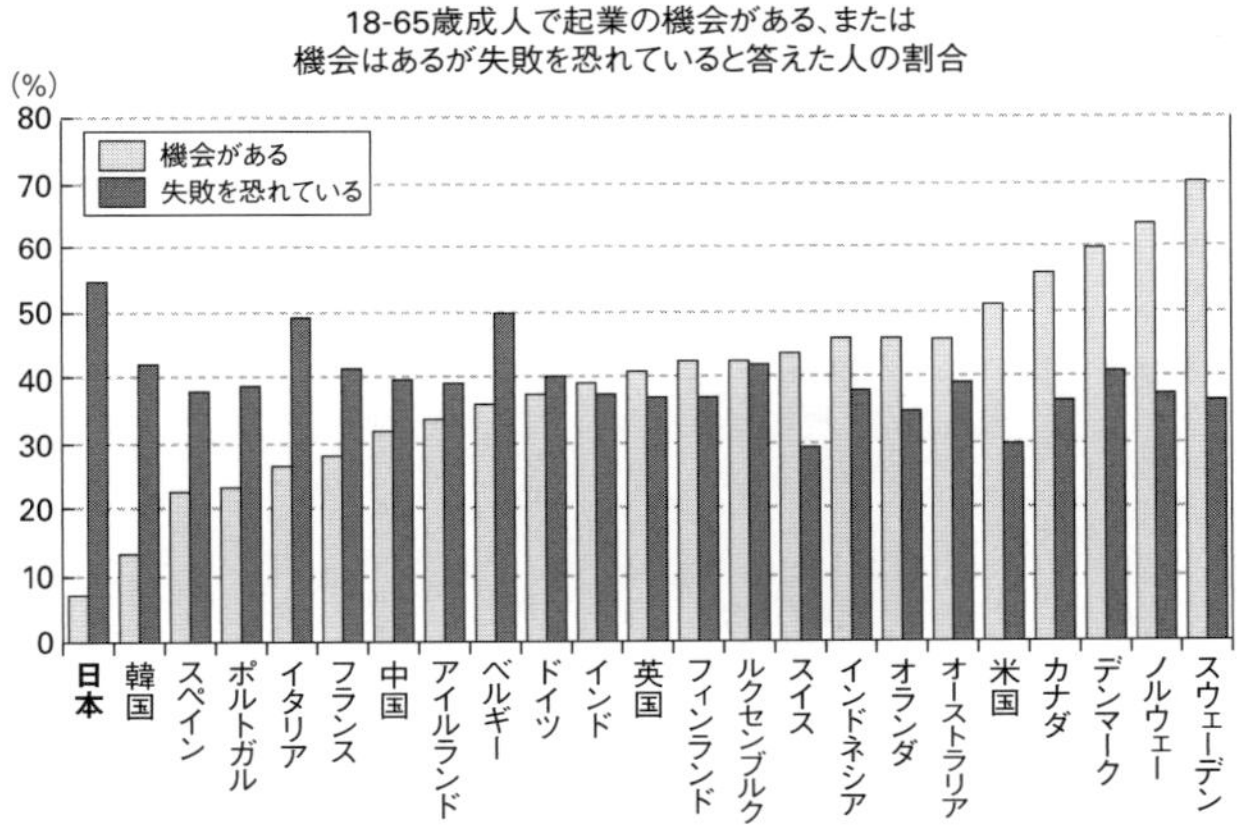

出典：OECD(2015), Entrepreneurship at a Glance 2015, OECD Publishing, Paris.
DOI: http://dx.doi.org/10.1787/entrepreneur_aag-2015-en
Statlink: http://dx.doi.org/10.1787/888933231360

る人が最も少なく、チャンスがあると認識してもリスクを恐れて起業に踏み切れない人の割合が最も高くなっています。また、起業をキャリアの一つと考えている人の割合も最下位です。

日本では、大学を卒業したら公務員になりたい、または大企業で働きたいという人が多く、会社を興すことはなかなか選択肢に入りません。起業を促進する社会的環境を改善し、より多くの人たちが起業家になろうと思える環境の構築が日本には必要です。それには、労働市場の流動性が確保され、たとえ失敗しても2度目、3度目の挑戦が可能な環境、優れたアイデアには事業の規模拡大を可能にするリスクマネーが投資家により提供されること、そして新規ビジネスの市場参入を促進する法的制度などを整えていくことが必要です。

私がＭＢＡを取得した１９９０年の半ばに、ビジネススクール卒業生の就職先として最も人気があったのは、大手コンサルティング会社や投資銀行でした。それが近年は、スタートアップ企業に取って代わられています。

例えば、２０１５年のハーバードビジネススクールの卒業生の９％が、自分で起業するか、あるいはスタートアップ企業に就職しています。これほど起業がアメリカの若者に人気があるのは、イノベーションのアイデアを持つ人が多いだけでなく、それを商品化し事業として発展させるための社会インフラが整っている上、安定よりもリスクを選んで挑戦することに対して社会的賞賛が大きいことが挙げられます。

当然、失敗のリスクなしでは起業はできません。実際、何度もスタートアップで失敗した経験を重ね、やっと成功した人、あるいは何社も起業しても、結局どれも成功することなく終わってしまう人も多くいます。しかし、失敗した経験から得た教訓を新たなチャンスにつなげられるような寛容な環境を醸成することが、若い世代の起業家を生む重要な条件になるのです。

図5‐23　学校教育と起業

「学校で起業家精神を学んだか」という問いに対する回答の割合

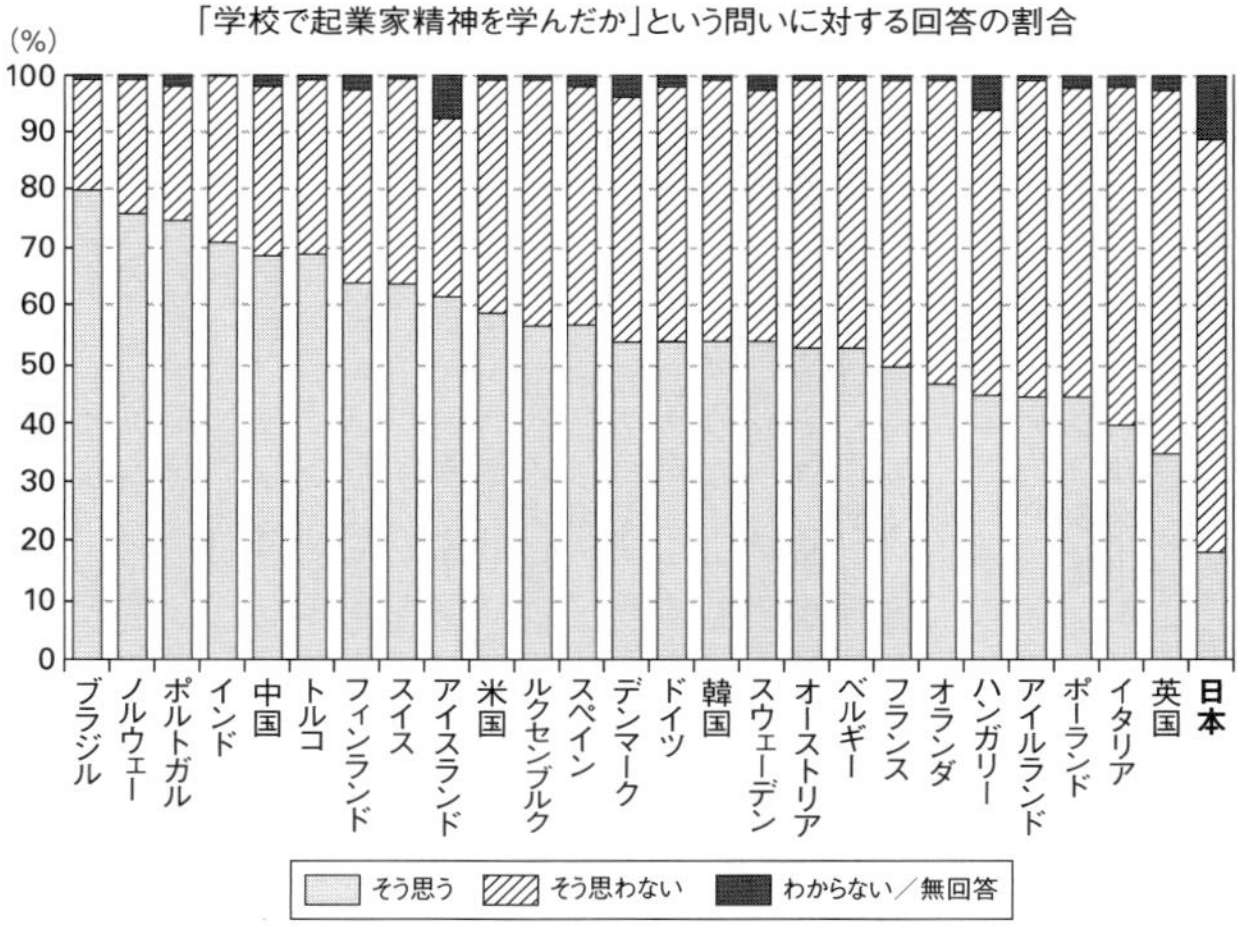

出典：OECD（2013），Entrepreneurship at a Glance 2013, OECD Publishing, Paris.
DOI: http://dx.doi.org/10.1787/entrepreneur_aag-2013-en
Statlink: http://dx.doi.org/10.1787/888932829438

＊起業家精神は子ども時代から育つ

起業を促す社会的環境の促進は、子どもたちに起業家精神を教えることも含みます。日本ではほとんど行われていませんが、学校教育の中に起業のスキルを取り入れている国は多数あります（図5‐23）。

経済産業省は起業を21世紀に不可欠なスキルと位置づけて、いくつかのプログラムに着手していますが、他のOECD加盟国の例を見ると、起業家精神の育成はもっと早い段階、小学校や中学校から始まっています。

例えばアイルランドは、10歳の児童向けのプログラムを行っています。起業教育は単なるキャリア教育ではありません。最近のEUの研究によると、起業教育は想像力、起業するノウハウ、責任感、リスクを恐れない精神、問題解決能力、チームワークといった様々な側面に焦点を当てています。さらに、起業教育には省庁を越えた協力や民間部門の支援も必要です。

イノベーションで経済を活性化し、生産性を向上させるために必要な要素を、ほぼすべて持ち合わせているのが日本です。日本人はイノベーションの種になるユニークなアイデアや、ブレークスルーにつながる可能性を秘めた特許を数多く生み出しているのです。日本企業は、新たな技術や事業に投資するための潤沢な資金を有しています。生産性が低下している原因が、イノベーションが欠如していることではなく、その拡散メカニズムが機能していないことだとすると、起業しやすい環境を整えることで、生産性を大きく向上させることが可能になるはずです。そのためには、日本人の起業家精神を育む努力を官学民一体で進めることが求められているのです。

＊少子高齢化は日本の勝機

人口が減少するからこそ、強靭《きょうじん》な社会経済を実現できるというのは、あまりにも非現実的だと多くの人が考えるのは無理もありません。しかし、日本の置かれた環境を国際比較という観点から考えてみると、日本の目の前には大きなチャンスが見えるはずです。

少子高齢化を経済成長のプラス要因として、そしてビジネスの相対的優位性として利用するための条件を揃えている国は、日本以外にほぼ皆無と言っても過言でありません。テクノロジーが人間の仕事を奪うことを歓迎できるのは、ほぼ完全雇用状態である日本に、深刻な労働力不足という追い風が吹いているからです。

テクノロジーと協業できる人材を育成するために必要な、世界トップレベルの教育とスキルを有した人的資源が、日本にはあります。中高年齢層のスキルレベルは特に高いので、再訓練を受ければ新たなスキル取得は充分可能でしょう。日本人女性は男性同様、世界トップレベルのスキルを有しているので、彼女等の経済貢献には大きな伸びしろがあります。このように恵まれた人的資産の有効活用と、テクノロジーによる自動化、効率化の促進を同時に進めていくことで、長年低迷してきた生産性を向上させることができるのです。これは、人口減少から生まれる危機感と必要性がない他の国々にはできないことかもしれません。まさに、今の日本だけが有しているチャンスなのです。

優秀な人材を有効活用するためには、労働市場の流動性を向上させ、年功序列に代わる成果主義の導入を中心にした雇用慣行の見直しが必要になります。失業が増えることはもちろん好ましい状況ではありませんが、セカンドチャンスが可能な社会を促進し、転職がむしろキャリアアップになりえる環境を構築していくことで、雇用主側も労働者も、より多い選択肢を享受することができます。すでに高度な日本の教育システムに、主体的な問題解決能力を強化する訓練を加えれば、まさに〝鬼に金棒〟といった人材が輩出できるはずです。そんな日本人は自らリスクをとる能力をつけていくでしょうから、それがイノベーションの種から大きな果実を実らせることになります。イノベーションの起こる社会では、経済全体の生産性が押し上げられるのです。

もちろん、構造改革に痛みはつきものです。しかし、政府と産業界が目の前のチャンスに気づき、早めにアクションを取ることで、日本の「負の遺産」を勝機につなげることが可能になるはずです。

どんな事業を成功させるにも、「人」「物」「金」の三大要素が必要不可欠です。量より質で勝負することを日本が選択するならば、この国は「人」「物」「金」のすべてを揃えていると言えるのです。いま私たちにとって重要なのは、少子高齢社会の日本の未来を悲観することではなく、課題先進国としての優位性を認識し、それを日本の武器にして戦っていくことなのです。

おわりに

この原稿を仕上げた2016年の夏は、英国の欧州連合（EU）離脱決定が世界中に衝撃を与えました。OECDやIMFなどの国際機関、そしてエコノミストの大半が、英国のEU離脱は英国経済に深刻な悪影響をもたらす、と警鐘を鳴らしていたにもかかわらず、英国の有権者がEUに別れを告げた国民投票の結果は、私たちがいかに不確実な世界で生きているかを認識させるものでした。

ゴールドマン・サックス証券の元同僚である、カーニー英国中央銀行総裁に、国民投票の約1か月前に仙台で開催されたG7財務大臣・中央銀行総裁会議でお話を伺った際にも、彼は「英国民は自分たちにとって経済的に合理的な判断をし、残留を選ぶはずだ」とコメントしていました。世界中のマスコミや市場関係者、財界・政界のリーダーの誰もが、カーニー総裁と同じ期待を持っていたでしょう。

私は1990年の半ばに3年間ゴールドマン・サックスのロンドンオフィスで勤務していました。金融街シティーを中心とするロンドンの金融業界は世界で最も国際化の進んだ金融センターとして栄え、世界に名だたる金融企業のほとんどは、ロンドンを拠点として国際ビジネスを展開していました。英語を話すハイレベルの人材を豊富に抱え、米国とアジアの中間地点に位置し、EU市場へのアクセスに恵まれたロンドンは、グローバルビジネスを構築するためのインフラ条件を充分備えているかのように見えました。

私の同僚たちは文字通り多国籍で、世界中から優秀な金融のプロが集まって仕事をしていました。私もロンドンにいながらイタリアやドイツの顧客を担当し、国境の壁を感じることなく業務を遂行していました。このように、自由貿易や人材の自由な移動を促進するグローバリゼーションに、英国は多大なる恩恵を受け、経済成長を遂げたのです。それにもかかわらず、なぜ英国国民はEU離脱を選んだのでしょう。

彼らの選択の背景には、グローバリゼーションによって拡大した都市と地方の格差、高収入エリートと低所得者との格差、そして若年層と中高年層との断絶の存在があります。英国の経済構造が金融業を含むサービス業へ大きくシフトする局面で、国際競争力を失った造船や製鉄などの製造業に従事している労働者が、新たなスキルを身につけてより競争力のある産業で職を得られるようにするという、人材の再配分が充分でなかったことを示唆していいます。ＥＵ圏内の人材の自由移動により、より安価な東欧諸国出身の労働者に数少ない非熟練の職も奪われた地方の中高年者の不満は、治安悪化や就職難を理由に反移民運動を巻き起こし、これまでグローバル化を利用しながら繁栄してきた英国の社会的矛盾をさらすことになったのです。

深刻な移民問題を抱える英国とは大きく異なるように見える日本も、実は共通の社会問題に直面しています。非正規雇用が増大し、労働市場の二極化が進めば、それは格差の固定化に繋がります。硬直した労働市場は、高度な教育を受けた多くの日本人の潜在能力を発揮する機会を否定することになります。特に、若者や女性の多くは未来に希望を見いだせず、社会に対する不信感を強めてしまうかもしれません。欧米諸国よりは比較的経済格差が少ない日本社会ですが、近年子どもの貧困問題が深刻化するなど、私たちの生活の身近なところでも安定した社会環境のほころびが表面化し始めています。

多くの英国労働者がグローバリゼーションの波に乗れなかった最大の理由の一つは、新たなスキルを習得し、セカンドチャンスをつかむことができなかったことでした。そして、日本においても、格差社会を阻止するために最も重要なのは、セカンドチャンスが可能な環境です。本書で述べたように、日本ほどセカンドチャンスをつかむための人的資源に恵まれた国はありません。後は、それを促進する社会システムを工夫するだけです。英国のEU離脱から日本が得た教訓は、非正規と正規労働者、女性と男性、若年と高齢者、これらの格差を一刻も早く是正し、社会の断絶を避けなければならないということです。

私は大学卒業後の人生のほとんどを海外で過ごしたあと、数年前に日本に帰国しましたが、その際、特に感銘を受けたのは、日本人の社会的モラルの高さです。コミュニティの一員としての高い意識、そして和や秩序を重んじる精神を、とても新鮮に感じました。

落とし物の財布を交番に届ける、混雑時には秩序よく列に並ぶ、ペットボトルのラベルをはがしてごみ分別をする等々、おそらく日本人にとってこれらは当然の行為であり、みんながごく当たり前に行っていることでしょう。しかし、外国から移住してきた人々は、社会の調和を維持するために日本人が集団生活において果たしている個々の責任に感銘を受けるのです。

この素晴らしい社会的モラルが基盤となっている日本文化は、グローバリゼーションの影響を受けるでしょう。しかし、私は多様性を受け入れることが社会的モラルの低下につながるわけではないと考えています。

日本文化は、外国の長所を取り入れながら、自国の短所を是正しつつ進化してきました。それを成し遂げる叡智を日本人は充分に備えているのです。今後も、日本人はグローバリゼーションを受け入れつつ繁栄できるのです。本書は私のそのような期待をこめて書きました。

本書に完成にあたっては、データ収集を一手に引き受けて下さった、ＯＥＣＤ東京センターの高橋しのぶさんに特段の感謝を申し上げます。そして、光文社の三野知里さん、長山清子さんには本書の企画、執行、校正、刊行までのすべての段階でご尽力いただきました。ありがとうございます。

また、本書の中で紹介させていただいた多くのメンターがあってこそ、この本を書き上げることができました。特に専業主婦から起業家に転身しすばらしいビジネスを立ち上げた母、い鈴は、人生のロールモデルとして多く学ぶところがありました。この本を通して、私が多くの日本人女性に勇気を与えることができれば、天国の母への一番の親孝行になることと思います。

最後に、「働く妻はかっこいい」とサポートしてくれる夫のTodd Mosesと「働くマミーはかっこいい」と応援してくれる3人に子どもたち、Max、Maya、Shouに感謝の意を表してペンを置きます。

２０１６年　盛夏

村上由美子

OECD iLibrary (www.oecd-ilibrary.org) — OECDのオンライン・ライブラリーのご紹介

OECDが公表している報告書、出版物、統計は、OECD iLibraryというオンライン・ライブラリーに収録しています。OECDの豊富な研究成果と経験をまとめた報告書類、加盟各国と主要な非加盟諸国から集められた、他では得られない統計の数々を収録しています。

報告書、単行本、ジャーナルなどは、1998年以降に出版されたものをすべてPDFファイルで収録しています。主要な出版物では、その中に掲載されている図表をエクセルファイルでダウンロードできる、Statlinkという機能がついています。本書に掲載している図表でも、可能な限りこのStatlinkをつけました。このURLをお使いのウェブ・ブラウザのアドレス欄に入力しますと、該当の図表およびそのバックデータをエクセルファイルでダウンロードすることができます。

なお、本書では紙幅の都合でOECDのオリジナルの図表よりも国の数を減らしたり、時系列を短くしたりせざるを得ないものが多々ありましたが、Statlinkで取り出せるファイルは、オリジナルのものです。本書と併せてご利用ください。

加盟国およびパートナーについて

現在OECDには、南北アメリカ、ヨーロッパおよびアジア太平洋地域の多くの先進国に加えて、メキシコやチリ、トルコなどの新興国を含めた35か国が加盟しています。直近では2016年7月より、ラトビアが正式加盟国となりました。

その他、中国やインド、ブラジルなどの新興経済大国、アフリカ、アジア、南米、カリブ地域の発展途上国とも協力しています。その他、中国やインド、ブラジルなどの新興経済大国、アフリカ、アジア、南米、カリブ地域の発展途上国とも協力しています。

（加盟国一覧）

オーストラリア、アイスランド、ノルウェー、トルコ、ベルギー、イスラエル、オーストリア、ハンガリー、チリ、イタリア、ポーランド、英国、デンマーク、日本、ポルトガル、米国、ドイツ、カナダ、スウェーデン、エストニア、韓国、スイス、フィンランド、ルクセンブルク、スロバキア、フランス、メキシコ、スロベニア、ギリシャ、ニュージーランド、スペイン、アイルランド、オランダ、チェコ、ラトビア

Behaviour, Confidence, PISA, OECD Publishing, Paris.

OECD. (2015), *The Future of Productivity,* OECD Publishing, Paris.

OECD. (2015), *OECD Science, Technology and Industry Scoreboard 2015: Innovation for Growth and Society,* OECD Publishing, Paris.

OECD. (2016), *Financing SMEs and Entrepreneurs 2016: An OECD Scoreboard,* OECD Publishing, Paris.

OECD. (2016), *OECD Economic Outlook,* OECD Publishing, Paris.

その他の参考文献

国立教育政策研究所 編（2013）『生きるための知識と技能 5　OECD 生徒の学習到達度調査（PISA）2012 年調査国際結果報告書』明石書店

注記：

本書に掲載する文書及び地図は、あらゆる領土の地位や主権を、国際的な境界設定や国境を、また、あらゆる領土や都市、地域の名称を害するものではない。

イスラエルの統計データは、イスラエル政府関係当局により、その責任の下で提供されている。OECD における当該データの使用は、ゴラン高原、東エルサレム、およびヨルダン川西岸地区のイスラエル入植地の国際法上の地位を害するものではない。

【参考文献】

OECDの出版物はほとんどが英語で書かれていますが、一部の重要な文献は日本語版も出版されていますので、あわせてご紹介します。これらは冊子体の他、PDFファイル、オンラインでもご提供しています。

OECD. (2009), *Take the Test: Sample Questions from OECD's PISA Assessments*, PISA, OECD Publishing, Paris.

（日本語版：『PISAの問題できるかな？ OECD生徒の学習到達度調査』国立教育政策研究所 監訳、明石書店、2010年）

OECD (2012), *Closing the Gender Gap: Act Now*, OECD Publishing, Paris.

（日本語版：『OECDジェンダー白書――今こそ男女格差解消に向けた取り組みを！』濱田久美子訳、明石書店、2014年）

OECD (2013), *OECD Skills Outlook 2013: First Results from the Survey of Adult Skills*, OECD Publishing, Paris.

（日本語版：『OECD成人スキル白書―第1回国際成人力調査（PIAAC）報告書 〈OECDスキル・アウトルック2013年版〉』、矢倉美登里／稲田智子／来田誠一郎訳、明石書店、2014年）

OECD (2013), *How's Life? 2013: Measuring Well-being*, OECD Publishing, Paris.

（日本語版：『OECD幸福度白書2― より良い暮らし指標：生活向上と社会進歩の国際比較』、西村美由起訳、明石書店、2015年）

OECD. (2014), *Entrepreneurship at a Glance 2014*, OECD Publishing, Paris.

OECD (2015), *OECD Economic Surveys: Japan 2015*, OECD Publishing, Paris.

OECD (2015), *Education at a Glance 2015: OECD Indicators*, OECD Publishing, Paris.

（日本語版：『図表でみる教育 OECDインディケータ（2015年版）』徳永優子／西村美由紀／定延由紀／矢倉美登里 訳、明石書店、2015年）

OECD (2015), *The ABC of Gender Equality in Education: Aptitude,*

村上由美子（むらかみゆみこ）
上智大学外国語学部卒業。スタンフォード大学大学院国際関係学修士課程修了後、国際連合に就職。国連開発計画や国連平和維持軍などの任務に携わり、バルバドス、カンボジア、ニューヨークなどで活躍。国連での任期終了後、ハーバード大学大学院経営学修士課程入学。MBA取得後、ゴールドマン・サックス証券に入社し、ロンドン、ニューヨーク、東京で勤務。クレディ・スイス証券を経て、2013年より経済協力開発機構（OECD）東京センター長を務める。

武器《ぶき》としての人口減社会《じんこうげんしゃかい》　国際《こくさい》比較統計《ひかくとうけい》でわかる日本《にほん》の強《つよ》さ

2016年8月20日初版1刷発行

著　者 —— 村上由美子
発行者 —— 駒井　稔
装　幀 —— アラン・チャン
印刷所 —— 近代美術
製本所 —— 関川製本
発行所 —— 株式会社光文社
東京都文京区音羽1-16-6（〒112-8011）
http://www.kobunsha.com/
電　話 —— 編集部03(5395)8289　書籍販売部03(5395)8116
業務部03(5395)8125
メール —— sinsyo@kobunsha.com

ISBN 978-4-334-03937-0

824
結婚と家族のこれから
共働き社会の限界
筒井淳也

私たちは、いつから「夫・妻・子」のかたちにこれほど依存するようになったのか。結婚すること、家族を持つことが万人に難しい時代、社会学の視点で岐路に立つ現代社会を分析。

978-4-334-03927-1

825
グーグルマップの社会学
ググられる地図の正体
松岡慧祐

「見たいものしか見ない」地図――グーグルマップによって、わたしたちの世界は広がったのか？　社会は、よく見えるようになったのか？　新進気鋭の社会学者による、新しい地図論！

978-4-334-03928-8

826
恋愛障害
どうして「普通」に愛されないのか？
トイアンナ

「いつも短期間の恋愛ばかり」「モラハラや束縛を受けやすい」「自分にはいい恋愛なんて一生できないかもしれない」と悩むあなたの人生を変える、自尊心回復のための画期的エクササイズ。

978-4-334-03929-5

827
戦争の社会学
はじめての軍事・戦争入門
橋爪大三郎

人類の歴史は、戦争の歴史である。古代の戦争から現代のテロリズムまで、社会現象としての戦争を、世界史的・地政学的観点から縦横無尽に書下ろした12章。姜尚中氏、絶賛！

978-4-334-03930-1

828
物流ビジネス最前線
ネット通販、宅配便、ラストマイルの攻防
齊藤実

物流を制するものがビジネスを制する――。ネット通販ビジネスが拡大する中、各企業はどのような物流戦略を描いているのか。物流研究の専門家が、その現状と課題を読み解く。

978-4-334-03931-8

829
「その日暮らし」の人類学
もう一つの資本主義経済
小川さやか
「貧しさ」がないアマゾンの先住民、気軽に仕事を転々とするアフリカ都市民、海賊行為が切り拓く新しい経済……。世界の多様な「生き残り戦略」から、私たちの生き方を問い直す。
978-4-334-03932-5

830
医療探偵「総合診療医」
原因不明の症状を読み解く
山中克郎
専門化した医療の垣根を越え、トータルに診断して患者を救う「総合診療医」とは？　NHK「ドクターG」にも出演した人気医師が解説。「信頼できる総合診療医」のいる病院リスト付き。
978-4-334-03933-2

831
忙しい人のための「自重筋トレ」
比嘉一雄
自分の体重だけを負荷にするシンプルかつ効率的な「自重筋トレ」の方法を、大学での「研究」とクライアント指導の「現場」を行き来する若手トレーナーがやさしく解説。
978-4-334-03934-9

832
前に進むための読書論
東大首席弁護士の本棚
山口真由
結果を出す、やり遂げるための情熱は、読書からしか得られない！――東大法学部を首席卒業後、財務省を経て弁護士に。そんな著者をつくった児童書から歴史小説までを100冊紹介！
978-4-334-03935-6

833
都市と地方をかきまぜる
「食べる通信」の奇跡
高橋博之
限界なのは地方だけじゃない。都市もだ！　東北の農漁業現場を取材した冊子と、野菜や魚などの生産物をセットで届ける新メディア「東北食べる通信」編集長の〝熱血〟地方創生論。
978-4-334-03936-3

834
武器としての人口減社会
国際比較統計でわかる日本の強さ
村上由美子
労働生産性、女性活躍推進、起業家精神など、さまざまな分野において先進国中、最低レベルの日本。本書ではその弱みを強みに変え、課題先進国として強い国になる策を考える。
978-4-334-03937-0

835
〈オールカラー版〉魚はエロい
瓜生知史
求愛、交尾、産卵……。海に住む生き物たちの驚きの生態は、種をこえた「生きるとは何か?」という素朴な問いを投げかける。一〇〇点以上の写真で迫る、誰も知らなかった海の愛とエロス。
978-4-334-03938-7

836
ヤクザ式 最後に勝つ「危機回避術」
向谷匡史
常に戦場に身を置くヤクザは、一流ほどリスクを鋭く察知し、最悪の事態に陥らない。長年、ヤクザ界を見てきた著者が教える、ピンチを無傷で切り抜けつつ得を取る最強の処世術。
978-4-334-03939-4

837
「ほぼほぼ」「いまいま」?!
クイズ おかしな日本語
野口恵子
日本語の誤用を目や耳にしない日はない。町を歩けば誤用に当たり、店に入れば誤用が出迎える……。現代標準日本語の口語をできるだけ正確に理解し、よりよく使うための一冊。
978-4-334-03940-0

838
テニスプロはつらいよ
世界を飛び、超格差社会を闘う
井山夏生
プロ7年目、最高ランクは259位――プロテニスプレイヤー関口周一の闘いを軸に、その苛酷さ、競争の仕組みを、テニスジャーナル元編集長が丹念な取材で描く。テニス親必読!
978-4-334-03941-7